卞尺丹几乙し丹卞と

Translated Language Learning

The Communist Manifesto

Komünist Manifesto

Karl Marx & Friedrich Engels

English / Türkçe

Published by Tranzlaty
ISBN: 978-1-83566-175-8
Original text by Karl Marx and Friedrich Engels
The Communist Manifesto
First published in 1848
www.tranzlaty.com

Introduction
Giriş

A spectre is haunting Europe — the spectre of Communism
Avrupa'ya bir hayalet musallat oluyor - Komünizm hayaleti
All the Powers of old Europe have entered into a holy alliance to exorcise this spectre
Eski Avrupa'nın tüm güçleri, bu hayaleti kovmak için kutsal bir ittifaka girdiler
Pope and Czar, Metternich and Guizot, French Radicals and German police-spies
Papa ve Çar, Metternich ve Guizot, Fransız Radikalleri ve Alman polis casusları
Where is the party in opposition that has not been decried as Communistic by its opponents in power?
İktidardaki muhalifleri tarafından Komünist olarak kınanmayan muhalefetteki parti nerede?
Where is the Opposition that has not hurled back the branding reproach of Communism, against the more advanced opposition parties?
Daha ileri muhalefet partilerine karşı Komünizmin damgasını vurmayan Muhalefet nerede?
And where is the party that has not made the accusation against its reactionary adversaries?
Ve gerici hasımlarına karşı suçlamada bulunmayan parti nerede?
Two things result from this fact
Bu gerçekten iki şey ortaya çıkar
I. Communism is already acknowledged by all European Powers to be itself a Power
I. Komünizm, tüm Avrupa güçleri tarafından kendisinin bir güç olduğu kabul edilmiştir
II. It is high time that Communists should openly, in the face of the whole world, publish their views, aims and tendencies
II. Komünistlerin görüşlerini, amaçlarını ve eğilimlerini tüm

dünyanın gözü önünde açıkça yayınlamalarının zamanı gelmiştir

they must meet this nursery tale of the Spectre of Communism with a Manifesto of the party itself
Komünizm Hayaleti'nin bu çocuk masalını partinin kendisinin bir Manifestosu ile karşılamalılar.

To this end, Communists of various nationalities have assembled in London and sketched the following Manifesto
Bu amaçla, çeşitli milliyetlerden komünistler Londra'da toplandılar ve aşağıdaki Manifesto'yu çizdiler

this manifesto is to be published in the English, French, German, Italian, Flemish and Danish languages
bu manifesto İngilizce, Fransızca, Almanca, İtalyanca, Flamanca ve Danca dillerinde yayınlanacaktır

And now it is to be published in all the languages that Tranzlaty offers
Ve şimdi Tranzlaty'nin sunduğu tüm dillerde yayınlanacak

Bourgeois and the Proletarians
Burjuvalar ve Proleterler

The history of all hitherto existing societies is the history of class struggles
Şimdiye kadar var olan tüm toplumların tarihi, sınıf mücadelelerinin tarihidir
Freeman and slave, patrician and plebeian, lord and serf, guild-master and journeyman
Hür ve köle, aristokrat ve pleb, lord ve serf, lonca ustası ve kalfa
in a word, oppressor and oppressed
tek kelimeyle, ezen ve ezilen
these social classes stood in constant opposition to one another
Bu sosyal sınıflar sürekli olarak birbirlerine karşı duruyorlardı
they carried on an uninterrupted fight. Now hidden, now open
Kesintisiz bir mücadele sürdürdüler. Şimdi gizli, şimdi açık
a fight that either ended in a revolutionary re-constitution of society at large
ya toplumun genel olarak devrimci bir şekilde yeniden kurulmasıyla sonuçlanan bir kavga
or a fight that ended in the common ruin of the contending classes
ya da çatışan sınıfların ortak yıkımıyla sonuçlanan bir kavga
let us look back to the earlier epochs of history
Tarihin daha önceki dönemlerine bakalım
we find almost everywhere a complicated arrangement of society into various orders
Hemen hemen her yerde, toplumun çeşitli düzenler halinde karmaşık bir şekilde düzenlendiğini görüyoruz
there has always been a manifold gradation of social rank
Her zaman çok yönlü bir sosyal rütbe derecesi olmuştur
In ancient Rome we have patricians, knights, plebeians, slaves

Antik Roma'da patrisyenler, şövalyeler, plebler, köleler var
in the Middle Ages: feudal lords, vassals, guild-masters, journeymen, apprentices, serfs
Orta Çağ'da: feodal beyler, vasallar, lonca ustaları, kalfalar, çıraklar, serfler
in almost all of these classes, again, subordinate gradations
Bu sınıfların hemen hepsinde, yine, alt dereceler
The modern Bourgeoisie society has sprouted from the ruins of feudal society
Modern Burjuva toplumu, feodal toplumun yıkıntılarından filizlenmiştir
but this new social order has not done away with class antagonisms
Ancak bu yeni toplumsal düzen, sınıf karşıtlıklarını ortadan kaldırmadı
It has but established new classes and new conditions of oppression
Sadece yeni sınıflar ve yeni baskı koşulları yarattı
it has established new forms of struggle in place of the old ones
Eskilerin yerine yeni mücadele biçimleri kurmuştur
however, the epoch we find ourselves in possesses one distinctive feature
Bununla birlikte, kendimizi içinde bulduğumuz çağın ayırt edici bir özelliği vardır
the epoch of the Bourgeoisie has simplified the class antagonisms
Burjuvazi çağı, sınıf karşıtlıklarını basitleştirdi
Society as a whole is more and more splitting up into two great hostile camps
Toplum bir bütün olarak giderek iki büyük düşman kampa bölünüyor
two great social classes directly facing each other: Bourgeoisie and Proletariat
doğrudan karşı karşıya gelen iki büyük toplumsal sınıf: Burjuvazi ve Proletarya

From the serfs of the Middle Ages sprang the chartered burghers of the earliest towns

Orta Çağ'ın serflerinden, en eski şehirlerin imtiyazlı kasabalıları ortaya çıktı

From these burgesses the first elements of the Bourgeoisie were developed

Bu burgeslerden Burjuvazinin ilk unsurları geliştirildi

The discovery of America and the rounding of the Cape

Amerika'nın keşfi ve Cape'in yuvarlanması

these events opened up fresh ground for the rising Bourgeoisie

bu olaylar yükselen burjuvazi için yeni bir zemin açtı

The East-Indian and Chinese markets, the colonisation of America, trade with the colonies

Doğu-Hindistan ve Çin pazarları, Amerika'nın sömürgeleştirilmesi, sömürgelerle ticaret

the increase in the means of exchange and in commodities generally

Değişim araçlarındaki ve genel olarak metalardaki artış

these events gave to commerce, navigation, and industry an impulse never before known

Bu olaylar ticarete, denizciliğe ve endüstriye daha önce hiç bilinmeyen bir ivme kazandırdı

it gave rapid development to the revolutionary element in the tottering feudal society

sendeleyen feodal toplumdaki devrimci unsura hızlı bir gelişme sağladı

closed guilds had monopolised the feudal system of industrial production

Kapalı loncalar, feodal endüstriyel üretim sistemini tekelleştirmişti

but this no longer sufficed for the growing wants of the new markets

Ancak bu, yeni pazarların artan istekleri için artık yeterli değildi

The manufacturing system took the place of the feudal

system of industry
Üretim sistemi, feodal sanayi sisteminin yerini aldı
The guild-masters were pushed on one side by the manufacturing middle class
Lonca ustaları, manüfaktür orta sınıfı tarafından bir tarafa itildi
division of labour between the different corporate guilds vanished
Farklı şirket loncaları arasındaki işbölümü ortadan kalktı
the division of labour penetrated each single workshop
İş bölümü her bir atölyeye nüfuz etti
Meantime, the markets kept ever growing, and the demand ever rising
Bu arada, pazarlar sürekli büyümeye ve talep artmaya devam etti
Even factories no longer sufficed to meet the demands
Fabrikalar bile artık talepleri karşılamaya yetmiyordu
Thereupon, steam and machinery revolutionised industrial production
Bunun üzerine buhar ve makineler endüstriyel üretimde devrim yarattı
The place of manufacture was taken by the giant, Modern Industry
Üretim yeri dev, Modern Endüstri tarafından alındı
the place of the industrial middle class was taken by industrial millionaires
Endüstriyel orta sınıfın yerini sanayi milyonerleri aldı
the place of leaders of whole industrial armies were taken by the modern Bourgeoisie
bütün sanayi ordularının liderlerinin yerini modern burjuvazi aldı
the discovery of America paved the way for modern industry to establish the world market
Amerika'nın keşfi, modern endüstrinin dünya pazarını kurmasının yolunu açtı
This market gave an immense development to commerce,

navigation, and communication by land

Bu pazar, kara yoluyla ticaret, denizcilik ve iletişime muazzam bir gelişme sağladı

This development has, in its time, reacted on the extension of industry

Bu gelişme, zamanında, sanayinin genişlemesine tepki gösterdi

it reacted in proportion to how industry extended, and how commerce, navigation and railways extended

Sanayinin nasıl genişlediği ve ticaretin, navigasyonun ve demiryollarının nasıl genişlediği ile orantılı olarak tepki verdi

in the same proportion that the Bourgeoisie developed, they increased their capital

Burjuvazinin geliştiği oranda, sermayelerini artırdılar

and the Bourgeoisie pushed into the background every class handed down from the Middle Ages

ve Burjuvazi, Orta Çağ'dan kalan her sınıfı geri plana itti

therefore the modern Bourgeoisie is itself the product of a long course of development

bu nedenle modern burjuvazinin kendisi uzun bir gelişme sürecinin ürünüdür

we see it is a series of revolutions in the modes of production and of exchange

Bunun, üretim ve değişim tarzlarında bir dizi devrim olduğunu görüyoruz

Each developmental Bourgeoisie step was accompanied by a corresponding political advance

Burjuvazinin her kalkınmacı adımına, buna karşılık gelen bir siyasi ilerleme eşlik etti

An oppressed class under the sway of the feudal nobility

Feodal soyluların egemenliği altında ezilen bir sınıf

an armed and self-governing association in the mediaeval commune

Ortaçağ komününde silahlı ve kendi kendini yöneten bir dernek

here, an independent urban republic (as in Italy and

Germany)

burada bağımsız bir kentsel cumhuriyet (İtalya ve Almanya'da olduğu gibi)

there, a taxable "third estate" of the monarchy (as in France)

orada, monarşinin vergilendirilebilir bir "üçüncü mülkü" (Fransa'da olduğu gibi)

afterwards, in the period of manufacture proper

daha sonra, uygun üretim döneminde

the Bourgeoisie served either the semi-feudal or the absolute monarchy

Burjuvazi ya yarı-feodal ya da mutlak monarşiye hizmet etti

or the Bourgeoisie acted as a counterpoise against the nobility

ya da Burjuvazi soylulara karşı bir denge unsuru olarak hareket etti

and, in fact, the Bourgeoisie was a corner-stone of the great monarchies in general

ve aslında Burjuvazi genel olarak büyük monarşilerin köşe taşıydı

but Modern Industry and the world-market established itself since then

ama Modern Sanayi ve dünya pazarı o zamandan beri kendini kanıtladı

and the Bourgeoisie has conquered for itself exclusive political sway

ve Burjuvazi kendisi için özel siyasi egemenliği fethetti

it achieved this political sway through the modern representative State

bu siyasi hakimiyeti modern temsili Devlet aracılığıyla elde etti

The executives of the modern State are but a management committee

Modern devletin yöneticileri sadece bir yönetim komitesidir

and they manage the common affairs of the whole of the Bourgeoisie

ve tüm burjuvazinin ortak işlerini yönetirler

The Bourgeoisie, historically, has played a most revolutionary part

Burjuvazi, tarihsel olarak, en devrimci rolü oynamıştır

wherever it got the upper hand, it put an end to all feudal, patriarchal, and idyllic relations

Üstünlüğü ele geçirdiği her yerde, tüm feodal, ataerkil ve pastoral ilişkilere son verdi

It has pitilessly torn asunder the motley feudal ties that bound man to his "natural superiors"

İnsanı "doğal üstünlerine" bağlayan rengarenk feodal bağları acımasızca parçaladı

and it has left remaining no nexus between man and man, other than naked self-interest

ve insanla insan arasında, çıplak kişisel çıkar dışında hiçbir bağ bırakmamıştır

man's relations with one another have become nothing more than callous "cash payment"

İnsanın birbiriyle olan ilişkileri, duygusuz bir "nakit ödeme"den başka bir şey değildir

It has drowned the most heavenly ecstasies of religious fervour

Dinsel coşkunun en ilahi coşkusunu boğdu

it has drowned chivalrous enthusiasm and philistine sentimentalism

şövalye coşkusunu ve dar kafalı duygusallığı boğdu

it has drowned these things in the icy water of egotistical calculation

Bu şeyleri bencil hesaplamanın buzlu suyunda boğdu

It has resolved personal worth into exchangeable value

Kişisel değeri değiştirilebilir değere dönüştürdü

it has replaced the numberless and indefeasible chartered freedoms

sayısız ve uygulanamaz imtiyazlı özgürlüklerin yerini aldı

and it has set up a single, unconscionable freedom; Free Trade

ve tek, vicdansız bir özgürlük kurmuştur; Serbest Ticaret

In one word, it has done this for exploitation
Tek kelimeyle, bunu sömürü için yaptı
exploitation veiled by religious and political illusions
Dini ve siyasi yanılsamalarla örtülmüş sömürü
exploitation veiled by naked, shameless, direct, brutal exploitation
çıplak, utanmaz, doğrudan, acımasız sömürü ile örtülmüş sömürü
the Bourgeoisie has stripped the halo off every previously honoured and revered occupation
Burjuvazi, daha önce onurlandırılan ve saygı duyulan her mesleğin üzerindeki haleyi sıyırdı
the physician, the lawyer, the priest, the poet, and the man of science
hekim, avukat, rahip, şair ve bilim adamı
it has converted these distinguished workers into its paid wage labourers
Bu seçkin işçileri ücretli emekçilere dönüştürdü
The Bourgeoisie has torn the sentimental veil away from the family
Burjuvazi aileden duygusal perdeyi yırttı
and it has reduced the family relation to a mere money relation
ve aile ilişkisini sadece bir para ilişkisine indirgemiştir
the brutal display of vigour in the Middle Ages which Reactionists so much admire
Orta Çağ'da Gericilerin çok hayran olduğu acımasız canlılık gösterisi
even this found its fitting complement in the most slothful indolence
Bu bile en tembel tembellikte uygun tamamlayıcısını buldu
The Bourgeoisie has disclosed how all this came to pass
Burjuvazi tüm bunların nasıl gerçekleştiğini açıkladı
The Bourgeoisie have been the first to show what man's activity can bring about
Burjuvazi, insan etkinliğinin neler getirebileceğini ilk gösteren

olmuştur

It has accomplished wonders far surpassing Egyptian pyramids, Roman aqueducts, and Gothic cathedrals

Mısır piramitlerini, Roma su kemerlerini ve Gotik katedralleri çok aşan harikalar yarattı

and it has conducted expeditions that put in the shade all former Exoduses of nations and crusades

ve ulusların ve haçlı seferlerinin tüm eski Exodus'larını gölgede bırakan seferler düzenledi

The Bourgeoisie cannot exist without constantly revolutionising the instruments of production

Burjuvazi, üretim araçlarını sürekli devrimcileştirmeden var olamaz

and thereby it cannot exist without its relations to production

ve bu nedenle üretimle ilişkileri olmadan var olamaz

and therefore it cannot exist without its relations to society

ve bu nedenle toplumla ilişkileri olmadan var olamaz

all earlier industrial classes had one condition in common

Daha önceki tüm sanayi sınıflarının ortak bir koşulu vardı

they relied on the conservation of the old modes of production

Eski üretim tarzlarının korunmasına güveniyorlardı

but the Bourgeoisie brought with it a completely new dynamic

ama burjuvazi beraberinde yepyeni bir dinamik getirdi

Constant revolutionizing of production and uninterrupted disturbance of all social conditions

Üretimin sürekli devrimcileştirilmesi ve tüm toplumsal koşulların kesintisiz olarak bozulması

this everlasting uncertainty and agitation distinguishes the Bourgeoisie epoch from all earlier ones

bu sonsuz belirsizlik ve çalkantı, burjuvazi çağını daha önceki tüm çağlardan ayırır

previous relations with production came with ancient and venerable prejudices and opinions

Üretimle önceki ilişkiler, eski ve saygıdeğer önyargılar ve görüşlerle geldi

but all of these fixed, fast-frozen relations are swept away

Ancak tüm bu sabit, hızlı donmuş ilişkiler süpürüldü

all new-formed relations become antiquated before they can ossify

Tüm yeni kurulan ilişkiler, kemikleşmeden önce eskimiş hale gelir

All that is solid melts into air, and all that is holy is profaned

Katı olan her şey havaya karışır ve kutsal olan her şey dünyevileşir

man is at last compelled to face with sober senses, his real conditions of life

İnsan sonunda ayık duyularla, gerçek yaşam koşullarıyla yüzleşmek zorunda kalır

and he is compelled to face his relations with his kind

ve kendi türüyle olan ilişkileriyle yüzleşmek zorunda kalır

The Bourgeoisie constantly needs to expand its markets for its products

Burjuvazi, ürünleri için pazarlarını sürekli olarak genişletme ihtiyacı duyar

and, because of this, the Bourgeoisie is chased over the whole surface of the globe

ve bu nedenle, Burjuvazi dünyanın tüm yüzeyinde kovalanır

The Bourgeoisie must nestle everywhere, settle everywhere, establish connections everywhere

Burjuvazi her yere yerleşmeli, her yere yerleşmeli, her yerde bağlantılar kurmalıdır

The Bourgeoisie must create markets in every corner of the world to exploit

Burjuvazi dünyanın her köşesinde sömürmek için pazarlar yaratmalıdır

the production and consumption in every country has been given a cosmopolitan character

Her ülkede üretim ve tüketime kozmopolit bir karakter kazandırılmıştır

the chagrin of Reactionists is palpable, but it has carried on regardless

Gericilerin üzüntüsü aşikardır, ancak ne olursa olsun devam etmiştir

The Bourgeoisie have drawn from under the feet of industry the national ground on which it stood

Burjuvazi, üzerinde durduğu ulusal zemini sanayinin ayaklarının altından çekmiştir

all old-established national industries have been destroyed, or are daily being destroyed

Tüm eski ulusal endüstriler yok edildi ya da her gün yok ediliyor

all old-established national industries are dislodged by new industries

Tüm eski yerleşik ulusal endüstriler yeni endüstriler tarafından yerinden edildi

their introduction becomes a life and death question for all civilised nations

Onların tanıtımı tüm uygar uluslar için bir ölüm kalım meselesi haline gelir

they are dislodged by industries that no longer work up indigenous raw material

Artık yerli hammadde üretmeyen endüstriler tarafından yerinden ediliyorlar

instead, these industries pull raw materials from the remotest zones

Bunun yerine, bu endüstriler hammaddeleri en uzak bölgelerden çekiyor

industries whose products are consumed, not only at home, but in every quarter of the globe

Ürünleri sadece evde değil, dünyanın her çeyreğinde tüketilen endüstriler

In place of the old wants, satisfied by the productions of the country, we find new wants

Ülkenin üretimleriyle tatmin edilen eski isteklerin yerine yeni istekler buluyoruz

these new wants require for their satisfaction the products of distant lands and climes
Bu yeni ihtiyaçlar, tatmini için uzak diyarların ve iklimlerin ürünlerini gerektirir
In place of the old local and national seclusion and self-sufficiency, we have trade
Eski yerel ve ulusal inziva ve kendi kendine yeterlilik yerine, ticaret var
international exchange in every direction; universal interdependence of nations
her yönde uluslararası değişim; Ulusların evrensel karşılıklı bağımlılığı
and just as we have dependency on materials, so we are dependent on intellectual production
Ve tıpkı malzemelere bağımlılığımız olduğu gibi, entelektüel üretime de bağımlıyız
The intellectual creations of individual nations become common property
Tek tek ulusların entelektüel yaratımları ortak mülk haline gelir
National one-sidedness and narrow-mindedness become more and more impossible
Ulusal tek taraflılık ve dar görüşlülük giderek daha imkansız hale geliyor
and from the numerous national and local literatures, there arises a world literature
Ve sayısız ulusal ve yerel edebiyattan bir dünya edebiyatı ortaya çıkar
by the rapid improvement of all instruments of production
tüm üretim araçlarının hızlı bir şekilde gelişmesiyle
by the immensely facilitated means of communication
son derece kolaylaştırılmış iletişim araçlarıyla
The Bourgeoisie draws all (even the most barbarian nations) into civilisation
Burjuvazi herkesi (en barbar ulusları bile) uygarlığa çeker
The cheap prices of its commodities; the heavy artillery that

batters down all Chinese walls

Emtialarının ucuz fiyatları; tüm Çin duvarlarını döven ağır toplar

the barbarians' intensely obstinate hatred of foreigners is forced to capitulate

Barbarların yabancılara karşı yoğun inatçı nefreti teslim olmaya zorlanır

It compels all nations, on pain of extinction, to adopt the Bourgeoisie mode of production

Yok olma tehlikesiyle karşı karşıya olan tüm ulusları Burjuva üretim tarzını benimsemeye zorlar

it compels them to introduce what it calls civilisation into their midst

onları, medeniyet dediği şeyi aralarına sokmaya zorlar

The Bourgeoisie force the barbarians to become Bourgeoisie themselves

Burjuvazi, barbarları bizzat Burjuvazi olmaya zorluyor

in a word, the Bourgeoisie creates a world after its own image

tek kelimeyle, Burjuvazi kendi imgesine göre bir dünya yaratır

The Bourgeoisie has subjected the countryside to the rule of the towns

Burjuvazi kırı kentlerin egemenliğine tabi kılmıştır

It has created enormous cities and greatly increased the urban population

Muazzam şehirler yarattı ve kentsel nüfusu büyük ölçüde artırdı

it rescued a considerable part of the population from the idiocy of rural life

Nüfusun önemli bir bölümünü kırsal yaşamın aptallığından kurtardı

but it has made those in the the countryside dependent on the towns

ama kırsal kesimdekileri şehirlere bağımlı hale getirdi

and likewise, it has made the barbarian countries dependent on the civilised ones

Ve aynı şekilde, barbar ülkeleri medeni ülkelere bağımlı hale getirdi

nations of peasants on nations of Bourgeoisie, the East on the West

Burjuvazinin ulusları üzerinde köylü ulusları, Batı'da Doğu

The Bourgeoisie does away with the scattered state of the population more and more

Burjuvazi, nüfusun dağınık durumunu giderek daha fazla ortadan kaldırıyor

It has agglomerated production, and has concentrated property in a few hands

Aglomere üretime sahiptir ve birkaç elde yoğunlaşmış mülkiyete sahiptir

The necessary consequence of this was political centralisation

Bunun zorunlu sonucu siyasi merkezileşmeydi

there had been independent nations and loosely connected provinces

Bağımsız uluslar ve gevşek bir şekilde birbirine bağlı eyaletler vardı

they had separate interests, laws, governments and systems of taxation

ayrı çıkarları, yasaları, hükümetleri ve vergilendirme sistemleri vardı

but they have become lumped together into one nation, with one government

ama tek bir ulusta, tek bir hükümetle bir araya toplandılar

they now have one national class-interest, one frontier and one customs-tariff

Artık tek bir ulusal sınıf çıkarı, tek bir sınır ve tek bir gümrük tarifesi var

and this national class-interest is unified under one code of law

Ve bu ulusal sınıf çıkarı tek bir hukuk kuralı altında birleştirilmiştir

the Bourgeoisie has achieved much during its rule of scarce

one hundred years
Burjuvazi yüz yıllık iktidarı boyunca çok şey başardı
more massive and colossal productive forces than have all preceding generations together
önceki nesillerin toplamından daha büyük ve devasa üretici güçler
Nature's forces are subjugated to the will of man and his machinery
Doğanın güçleri, insanın iradesine ve onun makinelerine boyun eğdirilmiştir
chemistry is applied to all forms of industry and types of agriculture
Kimya, her türlü endüstriye ve tarım türüne uygulanır
steam-navigation, railways, electric telegraphs, and the printing press
buharlı navigasyon, demiryolları, elektrikli telgraflar ve matbaa
clearing of whole continents for cultivation, canalisation of rivers
ekim için tüm kıtaların temizlenmesi, nehirlerin kanalizasyonu
whole populations have been conjured out of the ground and put to work
Bütün nüfus topraktan çıkarıldı ve çalıştırıldı
what earlier century had even a presentiment of what could be unleashed?
Daha önceki hangi yüzyılda, neyin serbest bırakılabileceğine dair bir önsezi vardı?
who predicted that such productive forces slumbered in the lap of social labour?
Bu tür üretici güçlerin toplumsal emeğin kucağında uyukladığını kim tahmin edebilirdi?
we see then that the means of production and of exchange were generated in feudal society
O zaman üretim ve değişim araçlarının feodal toplumda üretildiğini görüyoruz

the means of production on whose foundation the Bourgeoisie built itself up

Burjuvazinin kendisini temeli üzerine inşa ettiği üretim araçları

At a certain stage in the development of these means of production and of exchange

Bu üretim ve değişim araçlarının gelişmesinin belli bir aşamasında

the conditions under which feudal society produced and exchanged

feodal toplumun üretim ve mübadele koşulları

the feudal organisation of agriculture and manufacturing industry

Tarım ve imalat sanayiinin feodal örgütlenmesi

the feudal relations of property were no longer compatible with the material conditions

Feodal mülkiyet ilişkileri artık maddi koşullarla bağdaşmıyordu

They had to be burst asunder, so they were burst asunder

Parçalanmaları gerekiyordu, bu yüzden parçalandılar

Into their place stepped free competition from the productive forces

Onların yerine, üretici güçlerden serbest rekabet çıktı

and they were accompanied by a social and political constitution adapted to it

Ve onlara buna uyarlanmış sosyal ve politik bir anayasa eşlik etti

and it was accompanied by the economical and political sway of the Bourgeoisie class

ve buna Burjuva sınıfının ekonomik ve politik hakimiyeti eşlik etti

A similar movement is going on before our own eyes

Benzer bir hareket gözlerimizin önünde devam ediyor

Modern Bourgeoisie society with its relations of production, and of exchange, and of property

Üretim, mübadele ve mülkiyet ilişkileriyle modern burjuva

toplumu

a society that has conjured up such gigantic means of production and of exchange

Böylesine devasa üretim ve değişim araçları yaratmış bir toplum

it is like the sorcerer who called up the powers of the nether world

Cehennem dünyasının güçlerini çağıran büyücü gibidir

but he is no longer able to control what he has brought into the world

Ama artık dünyaya getirdiklerini kontrol edemiyor

For many a decade past history was tied together by a common thread

On yıl boyunca geçmiş tarih ortak bir iplikle birbirine bağlıydı

the history of industry and commerce has been but the history of revolts

Sanayi ve ticaret tarihi, isyanların tarihi olmaktan başka bir şey değildir

the revolts of modern productive forces against modern conditions of production

Modern üretici güçlerin modern üretim koşullarına karşı isyanları

the revolts of modern productive forces against property relations

Modern üretici güçlerin mülkiyet ilişkilerine karşı isyanları

these property relations are the conditions for the existence of the Bourgeoisie

bu mülkiyet ilişkileri burjuvazinin varoluş koşullarıdır

and the existence of the Bourgeoisie determines the rules for property relations

ve Burjuvazinin varlığı mülkiyet ilişkilerinin kurallarını belirler

it is enough to mention the periodical return of commercial crises

Ticari krizlerin dönemsel olarak geri döndüğünden bahsetmek yeterlidir

each commercial crisis is more threatening to Bourgeoisie society than the last

her ticari kriz Burjuva toplumu için bir öncekinden daha fazla tehdit edicidir

In these crises a great part of the existing products are destroyed

Bu krizlerde mevcut ürünlerin büyük bir kısmı yok oluyor

but these crises also destroy the previously created productive forces

Ancak bu krizler daha önce yaratılmış üretici güçleri de yok eder

in all earlier epochs these epidemics would have seemed an absurdity

Daha önceki tüm çağlarda bu salgınlar bir saçmalık gibi görünürdü

because these epidemics are the commercial crises of over-production

Çünkü bu salgınlar aşırı üretimin ticari krizleridir

Society suddenly finds itself put back into a state of momentary barbarism

Toplum birdenbire kendini anlık bir barbarlık durumuna geri dönmüş bulur

as if a universal war of devastation had cut off every means of subsistence

Sanki evrensel bir yıkım savaşı her türlü geçim aracını kesmiş gibi

industry and commerce seem to have been destroyed; and why?

sanayi ve ticaret yok edilmiş gibi görünüyor; Ve neden?

Because there is too much civilisation and means of subsistence

Çünkü çok fazla medeniyet ve geçim kaynağı var

and because there is too much industry, and too much commerce

Ve çünkü çok fazla sanayi ve çok fazla ticaret var

The productive forces at the disposal of society no longer

develop Bourgeoisie property
Toplumun emrindeki üretici güçler artık Burjuva mülkiyetini geliştirmiyor
on the contrary, they have become too powerful for these conditions, by which they are fettered
Aksine, zincirlendikleri bu koşullar için çok güçlü hale geldiler
as soon as they overcome these fetters, they bring disorder into the whole of Bourgeoisie society
Bu prangaları aşar aşmaz, tüm burjuva toplumuna kargaşa getirirler
and the productive forces endanger the existence of Bourgeoisie property
ve üretici güçler Burjuva mülkiyetinin varlığını tehlikeye atar
The conditions of Bourgeoisie society are too narrow to comprise the wealth created by them
Burjuva toplumunun koşulları, onların yarattığı zenginliği kapsayamayacak kadar dardır
And how does the Bourgeoisie get over these crises?
Ve burjuvazi bu krizleri nasıl aşıyor?
On the one hand, it overcomes these crises by the enforced destruction of a mass of productive forces
Bir yandan, bu krizleri, üretici güçler kitlesinin zorla yok edilmesiyle aşar
on the other hand, it overcomes these crises by the conquest of new markets
bir yandan da bu krizleri yeni pazarlar fethederek aşmaktadır
and it overcomes these crises by the more thorough exploitation of the old forces of production
Ve bu krizleri, eski üretici güçlerin daha kapsamlı bir şekilde sömürülmesiyle aşar
That is to say, by paving the way for more extensive and more destructive crises
Yani daha kapsamlı ve daha yıkıcı krizlerin önünü açarak
it overcomes the crisis by diminishing the means whereby crises are prevented

Krizleri önleme araçlarını azaltarak krizin üstesinden gelir
The weapons with which the Bourgeoisie felled feudalism to the ground are now turned against itself
Burjuvazinin feodalizmi yerle bir ettiği silahlar şimdi kendisine çevrilmiştir
But not only has the Bourgeoisie forged the weapons that bring death to itself
Ama burjuvazi sadece kendisine ölüm getiren silahları dövmekle kalmadı
it has also called into existence the men who are to wield those weapons
Aynı zamanda bu silahları kullanacak adamları da var etti
and these men are the modern working class; they are the proletarians
Ve bu adamlar modern işçi sınıfıdır; Onlar proleterlerdir
In proportion as the Bourgeoisie is developed, in the same proportion is the Proletariat developed
Burjuvazi ne oranda gelişirse, proletarya da o oranda gelişmiştir
the modern working class developed a class of labourers
Modern işçi sınıfı bir emekçiler sınıfı geliştirdi
this class of labourers live only so long as they find work
Bu emekçi sınıfı ancak iş buldukları sürece yaşarlar
and they find work only so long as their labour increases capital
Ve ancak emekleri sermayeyi artırdığı sürece iş bulurlar
These labourers, who must sell themselves piece-meal, are a commodity
Kendilerini parça parça satmak zorunda olan bu emekçiler bir metadır
these labourers are like every other article of commerce
Bu emekçiler diğer tüm ticaret malları gibidir
and they are consequently exposed to all the vicissitudes of competition
ve sonuç olarak rekabetin tüm iniş çıkışlarına maruz kalırlar
they have to weather all the fluctuations of the market

Piyasanın tüm dalgalanmalarını atlatmak zorundalar
Owing to the extensive use of machinery and to division of labour
Makinelerin yaygın kullanımı ve iş bölümü nedeniyle
the work of the proletarians has lost all individual character
Proleterlerin çalışması tüm bireysel karakterini yitirmiştir
and consequently, the work of the proletarians has lost all charm for the workman
Ve sonuç olarak, proleterlerin çalışması, işçi için tüm çekiciliğini yitirmiştir
He becomes an appendage of the machine, rather than the man he once was
Bir zamanlar olduğu adamdan ziyade makinenin bir uzantısı haline gelir
only the most simple, monotonous, and most easily acquired knack is required of him
Ondan sadece en basit, monoton ve en kolay elde edilen hüner istenir
Hence, the cost of production of a workman is restricted
Bu nedenle, bir işçinin üretim maliyeti sınırlıdır
it is restricted almost entirely to the means of subsistence that he requires for his maintenance
neredeyse tamamen bakımı için ihtiyaç duyduğu geçim araçlarıyla sınırlıdır
and it is restricted to the means of subsistence that he requires for the propagation of his race
ve ırkının yayılması için ihtiyaç duyduğu geçim araçlarıyla sınırlıdır
But the price of a commodity, and therefore also of labour, is equal to its cost of production
Ama bir metanın ve dolayısıyla emeğin fiyatı, onun üretim maliyetine eşittir
In proportion, therefore, as the repulsiveness of the work increases, the wage decreases
Bu nedenle, orantılı olarak, işin iticiliği arttıkça, ücret düşer
Nay, the repulsiveness of his work increases at an even

greater rate
Hayır, işinin iticiliği daha da büyük bir oranda artar
as the use of machinery and division of labour increases, so does the burden of toil
Makine kullanımı ve işbölümü arttıkça iş yükü de artar
the burden of toil is increased by prolongation of the working hours
Çalışma saatlerinin uzamasıyla iş yükü artar
more is expected of the labourer in the same time as before
İşçiden daha önce olduğu gibi aynı zamanda daha fazlası beklenir
and of course the burden of the toil is increased by the speed of the machinery
Ve tabii ki, zahmetin yükü makinelerin hızıyla artar
Modern industry has converted the little workshop of the patriarchal master into the great factory of the industrial capitalist
Modern sanayi, ataerkil efendinin küçük atölyesini, sanayici kapitalistin büyük fabrikasına dönüştürmüştür
Masses of labourers, crowded into the factory, are organised like soldiers
Fabrikaya doluşmuş işçi kitleleri, askerler gibi örgütlenmiştir
As privates of the industrial army they are placed under the command of a perfect hierarchy of officers and sergeants
Sanayi ordusunun erleri olarak, mükemmel bir subay ve çavuş hiyerarşisinin komutası altına alınırlar
they are not only the slaves of the Bourgeoisie class and State
onlar sadece Burjuva sınıfının ve Devletin köleleri değildirler
but they are also daily and hourly enslaved by the machine
ama aynı zamanda makine tarafından günlük ve saatlik olarak köleleştirilirler
they are enslaved by the over-looker, and, above all, by the individual Bourgeoisie manufacturer himself
Dışarıdan bakan tarafından ve her şeyden önce bireysel Burjuva imalatçısının kendisi tarafından köleleştirilirler

The more openly this despotism proclaims gain to be its end and aim, the more petty, the more hateful and the more embittering it is

Bu despotizm, kazancı kendi amacı ve hedefi olarak ne kadar açık bir şekilde ilan ederse, o kadar önemsiz, o kadar nefret dolu ve o kadar küstahtır

the more modern industry becomes developed, the lesser are the differences between the sexes

Modern endüstri ne kadar gelişirse, cinsiyetler arasındaki farklar o kadar az olur

The less the skill and exertion of strength implied in manual labour, the more is the labour of men superseded by that of women

El emeğinde ima edilen beceri ve güç çabası ne kadar azsa, erkeklerin emeğinin yerini kadınlarınki alır.

Differences of age and sex no longer have any distinctive social validity for the working class

Yaş ve cinsiyet farklılıklarının artık işçi sınıfı için ayırt edici bir toplumsal geçerliliği yoktur

All are instruments of labour, more or less expensive to use, according to their age and sex

Hepsi emek araçlarıdır, yaşlarına ve cinsiyetlerine göre kullanımları az ya da çok pahalıdır

as soon as the labourer receives his wages in cash, than he is set upon by the other portions of the Bourgeoisie

İşçi ücretini nakit olarak alır almaz, burjuvazinin diğer kesimleri tarafından kendisine yüklenir

the landlord, the shopkeeper, the pawnbroker, etc

ev sahibi, dükkan sahibi, tefeci vb

The lower strata of the middle class; the small trades people and shopkeepers

Orta sınıfın alt tabakaları; küçük esnaf ve esnaf

the retired tradesmen generally, and the handicraftsmen and peasants

genel olarak emekli esnaf, zanaatkarlar ve köylüler

all these sink gradually into the Proletariat

bütün bunlar yavaş yavaş Proletaryaya batar
partly because their diminutive capital does not suffice for the scale on which Modern Industry is carried on
kısmen, küçücük sermayelerinin, Modern Sanayi'nin sürdürüldüğü ölçek için yeterli olmaması nedeniyle
and because it is swamped in the competition with the large capitalists
ve büyük kapitalistlerle rekabette bataklığa saplandığı için
partly because their specialized skill is rendered worthless by the new methods of production
Kısmen, uzmanlaşma becerilerinin yeni üretim yöntemleriyle değersiz hale getirilmesi nedeniyle
Thus the Proletariat is recruited from all classes of the population
Böylece proletarya, nüfusun tüm sınıflarından devşirilir
The Proletariat goes through various stages of development
Proletarya çeşitli gelişme aşamalarından geçer
With its birth begins its struggle with the Bourgeoisie
Doğuşuyla birlikte Burjuvazi ile mücadelesi başlar
At first the contest is carried on by individual labourers
Yarışma ilk başta bireysel emekçiler tarafından yürütülür
then the contest is carried on by the workpeople of a factory
Sonra yarışma bir fabrikanın işçileri tarafından yürütülür
then the contest is carried on by the operatives of one trade, in one locality
Sonra yarışma, bir işkolunun işçileri tarafından, tek bir yörede sürdürülür
and the contest is then against the individual Bourgeoisie who directly exploits them
ve o zaman yarışma, onları doğrudan sömüren bireysel burjuvaziye karşıdır
They direct their attacks not against the Bourgeoisie conditions of production
Saldırılarını burjuvazinin üretim koşullarına yöneltmiyorlar
but they direct their attack against the instruments of production themselves

ama saldırılarını üretim araçlarının kendilerine yöneltirler

they destroy imported wares that compete with their labour

Emekleriyle rekabet eden ithal malları yok ediyorlar

they smash to pieces machinery and they set factories ablaze

Makineleri paramparça ettiler ve fabrikaları ateşe verdiler

they seek to restore by force the vanished status of the workman of the Middle Ages

Orta Çağ işçisinin yok olmuş statüsünü zorla geri getirmeye çalışıyorlar

At this stage the labourers still form an incoherent mass scattered over the whole country

Bu aşamada, emekçiler hâlâ tüm ülkeye dağılmış tutarsız bir kitle oluşturuyorlar

and they are broken up by their mutual competition

ve karşılıklı rekabetleri tarafından parçalanırlar

If anywhere they unite to form more compact bodies, this is not yet the consequence of their own active union

Herhangi bir yerde daha kompakt bedenler oluşturmak için birleşirlerse, bu henüz kendi aktif birliklerinin sonucu değildir

but it is a consequence of the union of the Bourgeoisie, to attain its own political ends

ama bu, burjuvazinin kendi siyasi amaçlarına ulaşmak için birliğinin bir sonucudur

the Bourgeoisie is compelled to set the whole Proletariat in motion

Burjuvazi tüm proletaryayı harekete geçirmek zorundadır

and moreover, for a time being, the Bourgeoisie is able to do so

ve dahası, bir süre için, Burjuvazi bunu yapabilir

At this stage, therefore, the proletarians do not fight their enemies

Bu nedenle, bu aşamada, proleterler düşmanlarıyla savaşmazlar

but instead they are fighting the enemies of their enemies

ama bunun yerine düşmanlarının düşmanlarıyla savaşıyorlar

the fight the remnants of absolute monarchy and the

landowners

Mutlak monarşinin kalıntıları ve toprak sahipleriyle mücadele

they fight the non-industrial Bourgeoisie; the petty Bourgeoisie

sanayileşmemiş burjuvazi ile savaşırlar; küçük burjuvazi

Thus the whole historical movement is concentrated in the hands of the Bourgeoisie

Böylece tüm tarihsel hareket burjuvazinin elinde toplanmıştır

every victory so obtained is a victory for the Bourgeoisie

bu şekilde elde edilen her zafer burjuvazinin zaferidir

But with the development of industry the Proletariat not only increases in number

Ama sanayinin gelişmesiyle birlikte proletarya sadece sayıca artmakla kalmaz

the Proletariat becomes concentrated in greater masses and its strength grows

Proletarya daha büyük kitleler halinde yoğunlaşır ve gücü artar

and the Proletariat feels that strength more and more

ve Proletarya bu gücü giderek daha fazla hissediyor

The various interests and conditions of life within the ranks of the Proletariat are more and more equalised

Proletarya saflarındaki çeşitli çıkarlar ve yaşam koşulları giderek daha fazla eşitleniyor

they become more in proportion as machinery obliterates all distinctions of labour

Makinelerin emeğin tüm ayrımlarını ortadan kaldırmasıyla orantılı olarak daha da artarlar

and machinery nearly everywhere reduces wages to the same low level

Ve makineler hemen hemen her yerde ücretleri aynı düşük seviyeye indiriyor

The growing competition among the Bourgeoisie, and the resulting commercial crises, make the wages of the workers ever more fluctuating

Burjuvazi arasında artan rekabet ve bunun sonucunda ortaya

çıkan ticari krizler, işçilerin ücretlerini her zamankinden daha dalgalı hale getiriyor

The unceasing improvement of machinery, ever more rapidly developing, makes their livelihood more and more precarious

Her zamankinden daha hızlı gelişen makinelerin durmaksızın gelişmesi, geçim kaynaklarını giderek daha güvencesiz hale getiriyor

the collisions between individual workmen and individual Bourgeoisie take more and more the character of collisions between two classes

tek tek işçiler ile tek tek burjuvazi arasındaki çarpışmalar, giderek iki sınıf arasındaki çarpışma niteliğini alıyor

Thereupon the workers begin to form combinations (Trades Unions) against the Bourgeoisie

Bunun üzerine işçiler burjuvaziye karşı birleşimler (sendikalar) oluşturmaya başlarlar

they club together in order to keep up the rate of wages

Ücret oranını korumak için bir araya geliyorlar

they found permanent associations in order to make provision beforehand for these occasional revolts

Ara sıra ortaya çıkan bu isyanlar için önceden hazırlık yapmak üzere kalıcı birlikler kurdular

Here and there the contest breaks out into riots

Yarışma burada ve orada isyanlara dönüşüyor

Now and then the workers are victorious, but only for a time

Ara sıra işçiler zafer kazanıyor, ama sadece bir süre için

The real fruit of their battles lies, not in the immediate result, but in the ever-expanding union of the workers

Mücadelelerinin gerçek meyvesi, doğrudan sonuçta değil, işçilerin durmadan genişleyen birliğinde yatmaktadır

This union is helped on by the improved means of communication that are created by modern industry

Bu birliğe, modern sanayi tarafından yaratılan gelişmiş iletişim araçları yardımcı olmaktadır

modern communication places the workers of different

localities in contact with one another

Modern iletişim, farklı bölgelerdeki işçileri birbirleriyle temasa geçirir

It was just this contact that was needed to centralise the numerous local struggles into one national struggle between classes

Çok sayıda yerel mücadeleyi sınıflar arasındaki tek bir ulusal mücadelede merkezileştirmek için gerekli olan tam da bu temastı

all of these struggles are of the same character, and every class struggle is a political struggle

Bu mücadelelerin hepsi aynı karakterdedir ve her sınıf mücadelesi politik bir mücadeledir

the burghers of the Middle Ages, with their miserable highways, required centuries to form their unions

Orta Çağ'ın kasabalıları, sefil otoyollarıyla, birliklerini oluşturmak için yüzyıllara ihtiyaç duydu

the modern proletarians, thanks to railways, achieve their unions within a few years

Modern proleterler, demiryolları sayesinde birkaç yıl içinde sendikalarına kavuşurlar

This organisation of the proletarians into a class consequently formed them into a political party

Proleterlerin bir sınıf halinde örgütlenmesi, sonuç olarak onları bir siyasi parti haline getirdi

the political class is continually being upset again by the competition between the workers themselves

Siyasi sınıf, işçilerin kendi aralarındaki rekabetten sürekli olarak yeniden rahatsız oluyor

But the political class continues to rise up again, stronger, firmer, mightier

Ancak siyasi sınıf daha güçlü, daha sert, daha güçlü bir şekilde yeniden yükselmeye devam ediyor

It compels legislative recognition of particular interests of the workers

İşçilerin özel çıkarlarının yasal olarak tanınmasını zorunlu

kılar
it does this by taking advantage of the divisions among the Bourgeoisie itself
Bunu, burjuvazinin kendi içindeki bölünmelerden yararlanarak yapar
Thus the ten-hours' bill in England was put into law
Böylece İngiltere'deki on saatlik yasa tasarısı yasalaştı
in many ways the collisions between the classes of the old society further is the course of development of the Proletariat
birçok bakımdan eski toplumun sınıfları arasındaki çatışmalar, proletaryanın gelişme sürecidir
The Bourgeoisie finds itself involved in a constant battle
Burjuvazi kendisini sürekli bir savaşın içinde bulur
At first it will find itself involved in a constant battle with the aristocracy
İlk başta kendisini aristokrasi ile sürekli bir savaşın içinde bulacaktır
later on it will find itself involved in a constant battle with those portions of the Bourgeoisie itself
daha sonra kendisini Burjuvazinin bu kesimleriyle sürekli bir savaşın içinde bulacaktır
and their interests will have become antagonistic to the progress of industry
ve çıkarları sanayinin ilerlemesine karşıt hale gelecektir
at all times, their interests will have become antagonistic with the Bourgeoisie of foreign countries
çıkarları her zaman yabancı ülkelerin burjuvazisi ile uzlaşmaz hale gelecektir
In all these battles it sees itself compelled to appeal to the Proletariat, and asks for its help
Bütün bu savaşlarda kendisini proletaryaya başvurmak zorunda görür ve ondan yardım ister
and thus, it will feel compelled to drag it into the political arena
Ve böylece onu siyasi arenaya sürüklemek zorunda

hissedecektir

The Bourgeoisie itself, therefore, supplies the Proletariat with its own instruments of political and general education
Bu nedenle, burjuvazinin kendisi, proletaryaya kendi siyasal ve genel eğitim araçlarını sağlar

in other words, it furnishes the Proletariat with weapons for fighting the Bourgeoisie
başka bir deyişle, proletaryaya, burjuvaziye karşı savaşmak için silahlar sağlar

Further, as we have already seen, entire sections of the ruling classes are precipitated into the Proletariat
Dahası, daha önce gördüğümüz gibi, egemen sınıfların tüm kesimleri proletaryaya doğru itilir

the advance of industry sucks them into the Proletariat
sanayinin ilerlemesi onları proletaryanın içine çeker

or, at least, they are threatened in their conditions of existence
Ya da en azından, varoluş koşullarında tehdit altındadırlar

These also supply the Proletariat with fresh elements of enlightenment and progress
Bunlar aynı zamanda proletaryaya aydınlanmanın ve ilerlemenin taze unsurlarını da sağlar

Finally, in times when the class struggle nears the decisive hour
Son olarak, sınıf mücadelesinin belirleyici saate yaklaştığı zamanlarda

the process of dissolution going on within the ruling class
Egemen sınıf içinde devam eden çözülme süreci

in fact, the dissolution going on within the ruling class will be felt within the whole range of society
Gerçekte, egemen sınıf içinde sürmekte olan çözülme, toplumun tüm kesiminde hissedilecektir

it will take on such a violent, glaring character, that a small section of the ruling class cuts itself adrift
Öylesine şiddetli, göz kamaştırıcı bir karaktere bürünecek ki, egemen sınıfın küçük bir kesimi kendini başıboş bırakacaktır

and that ruling class will join the revolutionary class
Ve bu egemen sınıf devrimci sınıfa katılacaktır
the revolutionary class being the class that holds the future
in its hands
Devrimci sınıf, geleceği elinde tutan sınıftır
Just as at an earlier period, a section of the nobility went
over to the Bourgeoisie
Tıpkı daha önceki bir dönemde olduğu gibi, soyluların bir
bölümü Burjuvazinin safına geçti
the same way a portion of the Bourgeoisie will go over to the
Proletariat
aynı şekilde burjuvazinin bir kısmı proletaryaya geçecektir
in particular, a portion of the Bourgeoisie will go over to a
portion of the Bourgeoisie ideologists
özellikle, Burjuvazinin bir kısmı, Burjuva ideologlarının bir
kısmına geçecektir
Bourgeoisie ideologists who have raised themselves to the
level of comprehending theoretically the historical
movement as a whole
Tarihsel hareketi bir bütün olarak teorik olarak kavrama
düzeyine yükselmiş burjuva ideologlar
Of all the classes that stand face to face with the Bourgeoisie
today, the Proletariat alone is a really revolutionary class
Bugün burjuvazi ile karşı karşıya gelen tüm sınıflar arasında,
gerçekten devrimci bir sınıf olan yalnızca proletaryadır
The other classes decay and finally disappear in the face of
Modern Industry
Öteki sınıflar çürür ve sonunda modern sanayi karşısında yok
olurlar
the Proletariat is its special and essential product
Proletarya onun özel ve temel ürünüdür
The lower middle class, the small manufacturer, the
shopkeeper, the artisan, the peasant
Alt orta sınıf, küçük fabrikatör, dükkân sahibi, zanaatkâr,
köylü
all these fight against the Bourgeoisie

bütün bunlar burjuvaziye karşı savaşıyor
they fight as fractions of the middle class to save themselves from extinction
Kendilerini yok olmaktan kurtarmak için orta sınıfın fraksiyonları olarak savaşıyorlar
They are therefore not revolutionary, but conservative
Bu nedenle devrimci değil, muhafazakardırlar
Nay more, they are reactionary, for they try to roll back the wheel of history
Dahası, gericidirler, çünkü tarihin tekerleğini geri döndürmeye çalışırlar
If by chance they are revolutionary, they are so only in view of their impending transfer into the Proletariat
Eğer şans eseri devrimcilerse, yalnızca Proletaryaya yaklaşmakta olan transferleri göz önüne alındığında devrimcidirler
they thus defend not their present, but their future interests
Böylece şimdiki çıkarlarını değil, gelecekteki çıkarlarını savunurlar
they desert their own standpoint to place themselves at that of the Proletariat
kendilerini proletaryanın yerine koymak için kendi bakış açılarını terk ederler
The "dangerous class," the social scum, that passively rotting mass thrown off by the lowest layers of old society
"Tehlikeli sınıf", toplumsal, eski toplumun en alt katmanları tarafından atılan pasif bir şekilde çürüyen kitle
they may, here and there, be swept into the movement by a proletarian revolution
Orada burada, bir proleter devrimle hareketin içine sürüklenebilirler
its conditions of life, however, prepare it far more for the part of a bribed tool of reactionary intrigue
Ne var ki, yaşam koşulları, onu, gerici entrikaların rüşvet verici bir aracı rolüne çok daha fazla hazırlamaktadır
In the conditions of the Proletariat, those of old society at

large are already virtually swamped
Proletaryanın koşullarında, genel olarak eski toplumun koşulları zaten fiilen bataklığa saplanmıştır

The proletarian is without property
Proleter mülksüzdür

his relation to his wife and children has no longer anything in common with the Bourgeoisie's family-relations
karısı ve çocuklarıyla olan ilişkisinin artık burjuvazinin aile ilişkileriyle hiçbir ortak yanı yoktur

modern industrial labour, modern subjection to capital, the same in England as in France, in America as in Germany
modern sanayi emeği, sermayeye modern tabiiyet, Fransa'da olduğu gibi İngiltere'de, Almanya'da olduğu gibi Amerika'da da aynı

his condition in society has stripped him of every trace of national character
Toplumdaki durumu onu ulusal karakterin her izinden sıyırmıştır

Law, morality, religion, are to him so many Bourgeoisie prejudices
Hukuk, ahlak, din, onun için pek çok burjuva önyargısıdır

and behind these prejudices lurk in ambush just as many Bourgeoisie interests
ve bu önyargıların ardında, tıpkı birçok Burjuva çıkarı kadar pusuda gizleniyor

All the preceding classes that got the upper hand, sought to fortify their already acquired status
Üstünlüğü ele geçiren önceki tüm sınıflar, zaten kazanılmış statülerini güçlendirmeye çalıştılar

they did this by subjecting society at large to their conditions of appropriation
Bunu, toplumun genelini kendi temellük koşullarına tabi kılarak yaptılar

The proletarians cannot become masters of the productive forces of society
Proleterler toplumun üretici güçlerinin efendisi olamazlar

it can only do this by abolishing their own previous mode of appropriation

Bunu ancak kendi önceki sahiplenme tarzını ortadan kaldırarak yapabilir

and thereby it also abolishes every other previous mode of appropriation

ve böylece daha önceki tüm temellük etme biçimlerini de ortadan kaldırır

They have nothing of their own to secure and to fortify

Güvence altına almak ve güçlendirmek için kendilerine ait hiçbir şeyleri yok

their mission is to destroy all previous securities for, and insurances of, individual property

Görevleri, bireysel mülkler için önceki tüm menkul kıymetleri ve sigortaları yok etmektir

All previous historical movements were movements of minorities

Daha önceki tüm tarihsel hareketler azınlık hareketleriydi

or they were movements in the interests of minorities

ya da azınlıkların çıkarlarına yönelik hareketlerdi

The proletarian movement is the self-conscious, independent movement of the immense majority

Proleter hareket, büyük çoğunluğun özbilinçli, bağımsız hareketidir

and it is a movement in the interests of the immense majority

Ve bu, büyük çoğunluğun çıkarına olan bir harekettir

The Proletariat, the lowest stratum of our present society

Proletarya, mevcut toplumumuzun en alt tabakası

it cannot stir or raise itself up without the whole superincumbent strata of official society being sprung into the air

Resmi toplumun tüm üst düzey katmanları havaya uçurulmadan kıpırdayamaz veya kendini yükseltemez

Though not in substance, yet in form, the struggle of the Proletariat with the Bourgeoisie is at first a national struggle

Proletaryanın burjuvazi ile mücadelesi, özünde olmasa da, biçim olarak her şeyden önce ulusal bir mücadeledir

The Proletariat of each country must, of course, first of all settle matters with its own Bourgeoisie

Kuşkusuz, her ülkenin proletaryası, her şeyden önce, kendi burjuvazisi ile sorunu çözmelidir

In depicting the most general phases of the development of the Proletariat, we traced the more or less veiled civil war

Proletaryanın gelişiminin en genel aşamalarını betimlerken, az çok örtülü iç savaşın izini sürdük

this civil is raging within existing society

Bu sivil, mevcut toplum içinde öfkeleniyor

it will rage up to the point where that war breaks out into open revolution

Bu savaşın açık devrime dönüştüğü noktaya kadar öfkelenecek

and then the violent overthrow of the Bourgeoisie lays the foundation for the sway of the Proletariat

ve sonra Burjuvazinin şiddet yoluyla devrilmesi, Proletaryanın egemenliğinin temelini atar

Hitherto, every form of society has been based, as we have already seen, on the antagonism of oppressing and oppressed classes

Şimdiye kadar, her toplum biçimi, daha önce gördüğümüz gibi, ezen ve ezilen sınıfların uzlaşmaz karşıtlığına dayanıyordu.

But in order to oppress a class, certain conditions must be assured to it

Ama bir sınıfı ezmek için, ona belirli koşulların sağlanması gerekir

the class must be kept under conditions in which it can, at least, continue its slavish existence

Sınıf, en azından kölece varlığını sürdürebileceği koşullar altında tutulmalıdır

The serf, in the period of serfdom, raised himself to membership in the commune

Serf, serflik döneminde, kendisini komün üyeliğine yükseltti
**just as the petty Bourgeoisie, under the yoke of feudal
absolutism, managed to develop into a Bourgeoisie**
tıpkı feodal mutlakiyetçiliğin boyunduruğu altındaki küçük
burjuvazinin bir burjuvaziye dönüşmeyi başarması gibi
**The modern labourer, on the contrary, instead of rising with
the progress of industry, sinks deeper and deeper**
Modern emekçi, tam tersine, sanayinin ilerlemesiyle birlikte
yükselmek yerine, daha da derine batar
he sinks below the conditions of existence of his own class
kendi sınıfının varoluş koşullarının altına düşer
**He becomes a pauper, and pauperism develops more rapidly
than population and wealth**
Yoksul olur ve yoksulluk nüfus ve zenginlikten daha hızlı
gelişir
**And here it becomes evident, that the Bourgeoisie is unfit
any longer to be the ruling class in society**
Ve burada, burjuvazinin artık toplumda egemen sınıf olmaya
uygun olmadığı ortaya çıkıyor
**and it is unfit to impose its conditions of existence upon
society as an over-riding law**
ve kendi varoluş koşullarını topluma ağır basan bir yasa
olarak dayatmaya uygun değildir
**It is unfit to rule because it is incompetent to assure an
existence to its slave within his slavery**
Yönetmeye uygun değildir, çünkü kölesine köleliği içinde bir
varoluş sağlamakta yetersiz
**because it cannot help letting him sink into such a state, that
it has to feed him, instead of being fed by him**
çünkü onun tarafından beslenmek yerine onu beslemek
zorunda olduğu bir duruma batmasına izin veremez
Society can no longer live under this Bourgeoisie
Toplum artık bu burjuvazi altında yaşayamaz
**in other words, its existence is no longer compatible with
society**
Başka bir deyişle, varlığı artık toplumla uyumlu değildir

The essential condition for the existence, and for the sway of the Bourgeoisie class, is the formation and augmentation of capital

Burjuva sınıfının varlığının ve egemenliğinin temel koşulu, sermayenin oluşumu ve genişlemesidir

the condition for capital is wage-labour

Sermayenin koşulu ücretli emektir

Wage-labour rests exclusively on competition between the labourers

Ücretli emek, yalnızca emekçiler arasındaki rekabete dayanır

The advance of industry, whose involuntary promoter is the Bourgeoisie, replaces the isolation of the labourers

İstemsiz teşvikçisi Burjuvazi olan sanayinin ilerlemesi, emekçilerin yalıtılmışlığının yerini alır

due to competition, due to their revolutionary combination, due to association

rekabet nedeniyle, devrimci kombinasyonları nedeniyle, dernek nedeniyle

The development of Modern Industry cuts from under its feet the very foundation on which the Bourgeoisie produces and appropriates products

Modern sanayinin gelişmesi, burjuvazinin ürünleri üzerinde ürettiği ve temellük ettiği temeli ayaklarının altından keser

What the Bourgeoisie produces, above all, is its own grave-diggers

Burjuvazinin ürettiği şey, her şeyden önce, kendi mezar kazıcılarıdır

The fall of the Bourgeoisie and the victory of the Proletariat are equally inevitable

Burjuvazinin çöküşü ve proletaryanın zaferi aynı derecede kaçınılmazdır

Proletarians and Communists
Proleterler ve Komünistler

In what relation do the Communists stand to the proletarians as a whole?
Komünistler bir bütün olarak proleterlerle nasıl bir ilişki içindedirler?

The Communists do not form a separate party opposed to other working-class parties
Komünistler, diğer işçi sınıfı partilerine karşı ayrı bir parti oluşturmazlar

They have no interests separate and apart from those of the proletariat as a whole
Bir bütün olarak proletaryanın çıkarlarından ayrı ve ayrı çıkarları yoktur

They do not set up any sectarian principles of their own, by which to shape and mould the proletarian movement
Proleter hareketi şekillendirmek ve biçimlendirmek için kendilerine ait sekter ilkeler oluşturmazlar

The Communists are distinguished from the other working-class parties by only two things
Komünistler, diğer işçi sınıfı partilerinden sadece iki şeyle ayrılırlar

Firstly, they point out and bring to the front the common interests of the entire proletariat, independently of all nationality
Birincisi, tüm milliyetlerden bağımsız olarak, tüm proletaryanın ortak çıkarlarına işaret eder ve öne çıkarırlar

this they do in the national struggles of the proletarians of the different countries
Bunu, farklı ülkelerin proleterlerinin ulusal mücadelelerinde yaparlar

Secondly, they always and everywhere represent the interests of the movement as a whole
İkincisi, her zaman ve her yerde bir bütün olarak hareketin çıkarlarını temsil ederler

this they do in the various stages of development, which the struggle of the working class against the Bourgeoisie has to pass through

Bunu, işçi sınıfının burjuvaziye karşı mücadelesinin geçmek zorunda olduğu çeşitli gelişme aşamalarında yaparlar

The Communists, therefore, are on the one hand, practically, the most advanced and resolute section of the working-class parties of every country

Bu nedenle Komünistler, bir yandan, pratik olarak, her ülkenin işçi sınıfı partilerinin en ileri ve kararlı kesimidir

they are that section of the working class which pushes forward all others

Onlar, işçi sınıfının diğerlerini ileri iten kesimidir

theoretically, they also have the advantage of clearly understanding the line of march

Teorik olarak, yürüyüş hattını net bir şekilde anlama avantajına da sahiptirler

this they understand better compared the great mass of the proletariat

Bunu, proletaryanın büyük kitlesine kıyasla daha iyi anlıyorlar

they understand the conditions, and the ultimate general results of the proletarian movement

Proleter hareketin koşullarını ve nihai genel sonuçlarını kavrarlar

The immediate aim of the Communist is the same as that of all the other proletarian parties

Komünistin acil hedefi, diğer tüm proleter partilerinkiyle aynıdır

their aim is the formation of the proletariat into a class

Amaçları, proletaryanın bir sınıf haline getirilmesidir

they aim to overthrow the Bourgeoisie supremacy

Burjuvazinin üstünlüğünü yıkmayı hedefliyorlar

the strive for the conquest of political power by the proletariat

Proletaryanın siyasal iktidarı ele geçirmesi için çaba

The theoretical conclusions of the Communists are in no way based on ideas or principles of reformers

Komünistlerin teorik sonuçları hiçbir şekilde reformcuların fikirlerine veya ilkelerine dayanmamaktadır

it wasn't would-be universal reformers that invented or discovered the theoretical conclusions of the Communists

Komünistlerin teorik sonuçlarını icat eden ya da keşfeden evrensel reformcular değildi

They merely express, in general terms, actual relations springing from an existing class struggle

Yalnızca, genel anlamda, mevcut bir sınıf mücadelesinden kaynaklanan fiili ilişkileri ifade ederler

and they describe the historical movement going on under our very eyes that have created this class struggle

Ve bu sınıf mücadelesini yaratan, gözlerimizin önünde devam eden tarihsel hareketi anlatıyorlar

The abolition of existing property relations is not at all a distinctive feature of Communism

Mevcut mülkiyet ilişkilerinin ortadan kaldırılması, komünizmin ayırt edici bir özelliği değildir

All property relations in the past have continually been subject to historical change

Geçmişteki tüm mülkiyet ilişkileri sürekli olarak tarihsel değişime maruz kalmıştır

and these changes were consequent upon the change in historical conditions

Ve bu değişiklikler, tarihsel koşullardaki değişimin sonucuydu

The French Revolution, for example, abolished feudal property in favour of Bourgeoisie property

Örneğin Fransız Devrimi, Burjuva mülkiyeti lehine feodal mülkiyeti ortadan kaldırdı

The distinguishing feature of Communism is not the abolition of property, generally

Komünizmin ayırt edici özelliği, genel olarak mülkiyetin kaldırılması değildir.

but the distinguishing feature of Communism is the abolition of Bourgeoisie property

ama komünizmin ayırt edici özelliği, burjuva mülkiyetinin ortadan kaldırılmasıdır

But modern Bourgeoisie private property is the final and most complete expression of the system of producing and appropriating products

Ancak modern burjuvazinin özel mülkiyeti, ürünleri üretme ve kendine mal etme sisteminin en nihai ve en eksiksiz ifadesidir

it is the final state of a system that is based on class antagonisms, where class antagonism is the exploitation of the many by the few

Bu, sınıf karşıtlıklarına dayanan, sınıf karşıtlığının çoğunluğun azınlık tarafından sömürülmesi olduğu bir sistemin son halidir

In this sense, the theory of the Communists may be summed up in the single sentence; the Abolition of private property

Bu anlamda, Komünistlerin teorisi tek bir cümlede özetlenebilir; Özel mülkiyetin kaldırılması

We Communists have been reproached with the desire of abolishing the right of personally acquiring property

Biz Komünistler, kişisel olarak mülk edinme hakkının ortadan kaldırılması arzusuyla kınandık

it is claimed that this property is the fruit of a man's own labour

Bu mülkün bir insanın kendi emeğinin meyvesi olduğu iddia edilir

and this property is alleged to be the groundwork of all personal freedom, activity and independence.

Ve bu mülkün tüm kişisel özgürlük, faaliyet ve bağımsızlığın temeli olduğu iddia ediliyor.

"Hard-won, self-acquired, self-earned property!"

"Zor kazanılmış, kendi kendine kazanılmış, kendi kendine kazanılmış mülk!"

Do you mean the property of the petty artisan and of the

small peasant?
Küçük zanaatkârın ve küçük köylünün mülkiyetini mi kastediyorsunuz?

Do you mean a form of property that preceded the Bourgeoisie form?
Burjuvazi biçiminden önce gelen bir mülkiyet biçimini mi kastediyorsunuz?

There is no need to abolish that, the development of industry has to a great extent already destroyed it
Bunu ortadan kaldırmaya gerek yok, sanayinin gelişmesi onu büyük ölçüde yok etti

and development of industry is still destroying it daily
Ve sanayinin gelişmesi hala onu her gün yok ediyor

Or do you mean modern Bourgeoisie private property?
Yoksa modern burjuvazinin özel mülkiyetini mi kastediyorsunuz?

But does wage-labour create any property for the labourer?
Ama ücretli emek, emekçi için herhangi bir mülkiyet yaratır mı?

no, wage labour creates not one bit of this kind of property!
Hayır, ücretli emek bu tür bir mülkiyetin bir parçasını bile yaratmaz!

what wage labour does create is capital; that kind of property which exploits wage-labour
Ücretli emeğin yarattığı şey sermayedir; ücretli emeği sömüren bu tür bir mülkiyet

capital cannot increase except upon condition of begetting a new supply of wage-labour for fresh exploitation
Sermaye, yeni bir sömürü için yeni bir ücretli emek arzı yaratma koşulu dışında artamaz

Property, in its present form, is based on the antagonism of capital and wage-labour
Mülkiyet, bugünkü biçimiyle, sermaye ile ücretli emek karşıtlığına dayanır

Let us examine both sides of this antagonism
Bu karşıtlığın her iki tarafını da inceleyelim

To be a capitalist is to have not only a purely personal status
Kapitalist olmak, yalnızca kişisel bir statüye sahip olmak
değildir
instead, to be a capitalist is also to have a social status in production
Bunun yerine, kapitalist olmak aynı zamanda üretimde
toplumsal bir statüye sahip olmaktır
because capital is a collective product; only by the united action of many members can it be set in motion
çünkü sermaye kolektif bir üründür; Sadece birçok üyenin
birleşik eylemiyle harekete geçirilebilir
but this united action is a last resort, and actually requires all members of society
Ancak bu birleşik eylem son çaredir ve aslında toplumun tüm
üyelerini gerektirir
Capital does get converted into the property of all members of society
Sermaye, toplumun tüm üyelerinin mülkiyetine dönüştürülür
but Capital is, therefore, not a personal power; it is a social power
ama Sermaye bu nedenle kişisel bir güç değildir; sosyal bir
güçtür
so when capital is converted into social property, personal property is not thereby transformed into social property
Demek ki, sermaye toplumsal mülkiyete dönüştürüldüğünde,
kişisel mülkiyet de toplumsal mülkiyete dönüşmez
It is only the social character of the property that is changed, and loses its class-character
Değişen, yalnızca mülkiyetin toplumsal niteliğidir ve sınıfsal
karakterini kaybeder
Let us now look at wage-labour
Şimdi ücretli emeğe bakalım
The average price of wage-labour is the minimum wage, i.e., that quantum of the means of subsistence
Ücretli emeğin ortalama fiyatı, asgari ücrettir, yani geçim
araçlarının miktarıdır

this wage is absolutely requisite in bare existence as a labourer

Bu ücret, bir işçi olarak çıplak varoluş için kesinlikle gereklidir

What, therefore, the wage-labourer appropriates by means of his labour, merely suffices to prolong and reproduce a bare existence

Demek ki, ücretli emekçinin emeği aracılığıyla el koyduğu şey, yalnızca, çıplak bir varoluşu uzatmaya ve yeniden üretmeye yeter

We by no means intend to abolish this personal appropriation of the products of labour

Biz, emeğin ürünlerine bu kişisel el koymayı hiçbir şekilde ortadan kaldırmak niyetinde değiliz

an appropriation that is made for the maintenance and reproduction of human life

insan yaşamının sürdürülmesi ve çoğaltılması için yapılan bir ödenek

such personal appropriation of the products of labour leave no surplus wherewith to command the labour of others

Emek ürünlerine bu şekilde kişisel olarak el konulması, başkalarının emeğine hükmetmek için hiçbir artı değer bırakmaz

All that we want to do away with, is the miserable character of this appropriation

Ortadan kaldırmak istediğimiz tek şey, bu sahiplenmenin sefil karakteridir

the appropriation under which the labourer lives merely to increase capital

emekçinin yalnızca sermayeyi artırmak için yaşadığı mülk edinme

he is allowed to live only in so far as the interest of the ruling class requires it

Sadece egemen sınıfın çıkarları gerektirdiği ölçüde yaşamasına izin verilir

In Bourgeoisie society, living labour is but a means to increase accumulated labour

Burjuva toplumunda canlı emek, birikmiş emeği artırmanın bir aracından başka bir şey değildir

In Communist society, accumulated labour is but a means to widen, to enrich, to promote the existence of the labourer
Komünist toplumda birikmiş emek, emekçinin varlığını genişletmenin, zenginleştirmenin, geliştirmenin bir aracından başka bir şey değildir

In Bourgeoisie society, therefore, the past dominates the present
Bu nedenle, burjuva toplumunda geçmiş, bugüne egemendir

in Communist society the present dominates the past
Komünist toplumda şimdiki zaman geçmişe hükmeder

In Bourgeoisie society capital is independent and has individuality
Burjuva toplumunda sermaye bağımsızdır ve bireyselliğe sahiptir

In Bourgeoisie society the living person is dependent and has no individuality
Burjuva toplumunda yaşayan kişi bağımlıdır ve bireyselliği yoktur

And the abolition of this state of things is called by the Bourgeoisie, abolition of individuality and freedom!
Ve bu durumun ortadan kaldırılması, burjuvazi tarafından, bireyselliğin ve özgürlüğün ortadan kaldırılması denir!

And it is rightly called the abolition of individuality and freedom!
Ve haklı olarak bireyselliğin ve özgürlüğün kaldırılması denir!

Communism aims for the abolition of Bourgeoisie individuality
Komünizm, Burjuva bireyselliğinin ortadan kaldırılmasını amaçlar

Communism intends for the abolition of Bourgeoisie independence
Komünizm, burjuvazinin bağımsızlığını ortadan kaldırmayı amaçlamaktadır

Bourgeoisie freedom is undoubtedly what communism is

aiming at
Burjuvazinin özgürlüğü kuşkusuz komünizmin hedeflediği şeydir
under the present Bourgeoisie conditions of production, freedom means free trade, free selling and buying
Burjuvazinin bugünkü üretim koşullarında özgürlük, serbest ticaret, serbest satış ve satın alma demektir
But if selling and buying disappears, free selling and buying also disappears
Ancak satış ve satın alma ortadan kalkarsa, serbest satış ve satın alma da ortadan kalkar
"brave words" by the Bourgeoisie about free selling and buying only have meaning in a limited sense
Burjuvazinin serbest satış ve satın alma hakkındaki "cesur sözleri" ancak sınırlı bir anlamda anlam taşır
these words have meaning only in contrast with restricted selling and buying
Bu kelimelerin yalnızca kısıtlı satış ve satın almanın aksine anlamı vardır
and these words have meaning only when applied to the fettered traders of the Middle Ages
ve bu kelimeler ancak Orta Çağ'ın zincire vurulmuş tüccarlarına uygulandığında anlam kazanır
and that assumes these words even have meaning in a Bourgeoisie sense
ve bu, bu kelimelerin Burjuva anlamda bir anlamı olduğunu bile varsayar
but these words have no meaning when they're being used to oppose the Communistic abolition of buying and selling
ancak bu kelimeler, Komünistlerin alım satımın kaldırılmasına karşı çıkmak için kullanıldıklarında hiçbir anlam ifade etmezler
the words have no meaning when they're being used to oppose the Bourgeoisie conditions of production being abolished
Burjuvazinin üretim koşullarının ortadan kaldırılmasına karşı

çıkmak için kullanılan kelimelerin hiçbir anlamı yoktur
and they have no meaning when they're being used to oppose the Bourgeoisie itself being abolished
ve Burjuvazinin kendisinin ortadan kaldırılmasına karşı çıkmak için kullanıldıklarında hiçbir anlamları yoktur
You are horrified at our intending to do away with private property
Özel mülkiyeti ortadan kaldırma niyetimiz karşısında dehşete düşüyorsunuz
But in your existing society, private property is already done away with for nine-tenths of the population
Ancak mevcut toplumunuzda, nüfusun onda dokuzu için özel mülkiyet zaten ortadan kaldırılmıştır
the existence of private property for the few is solely due to its non-existence in the hands of nine-tenths of the population
Azınlık için özel mülkiyetin varlığı, yalnızca nüfusun onda dokuzunun elinde bulunmamasından kaynaklanmaktadır
You reproach us, therefore, with intending to do away with a form of property
Bu nedenle, bir tür mülkiyeti ortadan kaldırmaya niyetlenmekle bizi suçluyorsunuz
but private property necessitates the non-existence of any property for the immense majority of society
Ancak özel mülkiyet, toplumun büyük çoğunluğu için herhangi bir mülkiyetin var olmamasını gerektirir
In one word, you reproach us with intending to do away with your property
Tek kelimeyle, mülkünüzü ortadan kaldırmak niyetinde olduğumuz için bizi suçluyorsunuz
And it is precisely so; doing away with your Property is just what we intend
Ve aynen öyle; Mülkünüzü ortadan kaldırmak tam da niyetimiz
From the moment when labour can no longer be converted into capital, money, or rent

Emeğin artık sermayeye, paraya ya da ranta
dönüştürülemediği andan itibaren
**when labour can no longer be converted into a social power
capable of being monopolised**
Emeğin artık tekelleştirilebilecek bir toplumsal güce
dönüştürülemediği zaman
**from the moment when individual property can no longer
be transformed into Bourgeoisie property**
bireysel mülkiyetin artık burjuva mülkiyetine
dönüştürülemediği andan itibaren
**from the moment when individual property can no longer
be transformed into capital**
bireysel mülkiyetin artık sermayeye dönüştürülemediği andan
itibaren
from that moment, you say individuality vanishes
O andan itibaren bireyselliğin yok olduğunu söylüyorsunuz
**You must, therefore, confess that by "individual" you mean
no other person than the Bourgeoisie**
Bu nedenle, "birey" derken burjuvaziden başka bir kişiyi
kastetmediğinizi itiraf etmelisiniz
**you must confess it specifically refers to the middle-class
owner of property**
İtiraf etmelisiniz ki, özellikle orta sınıf mülk sahibine atıfta
bulunur
**This person must, indeed, be swept out of the way, and
made impossible**
Bu kişi gerçekten de yoldan çekilmeli ve imkansız hale
getirilmelidir
**Communism deprives no man of the power to appropriate
the products of society**
Komünizm, hiç kimseyi toplumun ürünlerine el koyma
gücünden mahrum etmez
**all that Communism does is to deprive him of the power to
subjugate the labour of others by means of such
appropriation**
Komünizmin yaptığı tek şey, onu, böyle bir temellük yoluyla

başkalarının emeğine boyun eğdirme gücünden mahrum etmektir

It has been objected that upon the abolition of private property all work will cease

Özel mülkiyetin kaldırılmasıyla tüm işlerin sona ereceği itirazı yapılmıştır

and it is then suggested that universal laziness will overtake us

Ve daha sonra evrensel tembelliğin bizi ele geçireceği öne sürülüyor

According to this, Bourgeoisie society ought long ago to have gone to the dogs through sheer idleness

Buna göre, burjuva toplumunun uzun zaman önce katıksız tembellik yüzünden köpeklere gitmesi gerekirdi

because those of its members who work, acquire nothing

çünkü çalışan üyeleri hiçbir şey elde edemezler

and those of its members who acquire anything, do not work

ve herhangi bir şey elde eden üyeleri çalışmıyor

The whole of this objection is but another expression of the tautology

Bu itirazın bütünü, totolojinin bir başka ifadesinden başka bir şey değildir

there can no longer be any wage-labour when there is no longer any capital

Sermaye kalmadığında, ücretli emek de olamaz

there is no difference between material products and mental products

Maddi ürünler ile zihinsel ürünler arasında hiçbir fark yoktur

communism proposes both of these are produced in the same way

Komünizm, bunların her ikisinin de aynı şekilde üretildiğini öne sürer

but the objections against the Communistic modes of producing these are the same

ama Komünist üretim tarzlarına karşı itirazlar aynıdır

to the Bourgeoisie the disappearance of class property is the

disappearance of production itself
Burjuvazi için sınıf mülkiyetinin ortadan kalkması, üretimin kendisinin ortadan kalkmasıdır
so the disappearance of class culture is to him identical with the disappearance of all culture
Bu yüzden sınıf kültürünün ortadan kalkması, onun için tüm kültürün ortadan kalkmasıyla özdeştir
That culture, the loss of which he laments, is for the enormous majority a mere training to act as a machine
Kaybından yakındığı bu kültür, büyük çoğunluk için sadece bir makine gibi davranma eğitimidir
Communists very much intend to abolish the culture of Bourgeoisie property
Komünistler, burjuva mülkiyet kültürünü ortadan kaldırmaya çok niyetlidirler
But don't wrangle with us so long as you apply the standard of your Bourgeoisie notions of freedom, culture, law, etc
Ama burjuvazinin özgürlük, kültür, hukuk vb. kavramlarının standardını uyguladığınız sürece bizimle kavga etmeyin
Your very ideas are but the outgrowth of the conditions of your Bourgeoisie production and Bourgeoisie property
Sizin fikirleriniz, Burjuva üretiminizin ve Burjuva mülkiyetinizin koşullarının bir sonucudur
just as your jurisprudence is but the will of your class made into a law for all
Tıpkı içtihatlarınızın sınıfınızın iradesinin herkes için bir yasa haline getirilmesi gibi
the essential character and direction of this will are determined by the economical conditions your social class create
Bu iradenin temel niteliği ve yönü, sosyal sınıfınızın yarattığı ekonomik koşullar tarafından belirlenir
The selfish misconception that induces you to transform social forms into eternal laws of nature and of reason
Toplumsal biçimleri doğanın ve aklın ebedi yasalarına dönüştürmenize neden olan bencil yanılgı

the social forms springing from your present mode of production and form of property

mevcut üretim tarzınızdan ve mülkiyet biçiminizden kaynaklanan toplumsal biçimler

historical relations that rise and disappear in the progress of production

Üretimin ilerleyişi içinde yükselen ve kaybolan tarihsel ilişkiler

this misconception you share with every ruling class that has preceded you

Sizden önceki tüm egemen sınıflarla paylaştığınız bu yanılgı

What you see clearly in the case of ancient property, what you admit in the case of feudal property

Eski mülkiyet söz konusu olduğunda açıkça gördüğünüz şeyi, feodal mülkiyet durumunda kabul ettiğiniz şey

these things you are of course forbidden to admit in the case of your own Bourgeoisie form of property

bunları elbette kendi Burjuvazi mülkiyet biçiminiz söz konusu olduğunda kabul etmeniz yasaktır

Abolition of the family! Even the most radical flare up at this infamous proposal of the Communists

Ailenin ortadan kaldırılması! Komünistlerin bu rezil önerisine en radikaller bile alevlendi

On what foundation is the present family, the Bourgeoisie family, based?

Bugünkü aile, Burjuva ailesi hangi temele dayanmaktadır?

the foundation of the present family is based on capital and private gain

Mevcut ailenin temeli sermaye ve özel kazanca dayanmaktadır

In its completely developed form this family exists only among the Bourgeoisie

Tamamen gelişmiş biçimiyle bu aile sadece burjuvazi arasında var

this state of things finds its complement in the practical absence of the family among the proletarians

Bu durum, proleterler arasında ailenin pratik yokluğunda tamamlayıcısını bulur

this state of things can be found in public prostitution

Bu durum halka açık bulunabilir

The Bourgeoisie family will vanish as a matter of course when its complement vanishes

Burjuvazi ailesi, tamamlayıcısı ortadan kalktığında doğal olarak ortadan kalkacaktır

and both of these will will vanish with the vanishing of capital

Ve bunların her ikisi de sermayenin yok olmasıyla birlikte ortadan kalkacaktır

Do you charge us with wanting to stop the exploitation of children by their parents?

Bizi, çocukların ebeveynleri tarafından sömürülmesini durdurmak istemekle mi suçluyorsunuz?

To this crime we plead guilty

Bu suçu kabul ediyoruz

But, you will say, we destroy the most hallowed of relations, when we replace home education by social education

Ancak, diyeceksiniz ki, ev eğitimini sosyal eğitimle değiştirdiğimizde, en kutsal ilişkileri yok ediyoruz

is your education not also social? And is it not determined by the social conditions under which you educate?

Eğitiminiz aynı zamanda sosyal değil mi? Ve bu, eğitim verdiğiniz sosyal koşullar tarafından belirlenmiyor mu?

by the intervention, direct or indirect, of society, by means of schools, etc.

toplumun doğrudan veya dolaylı müdahalesiyle, okullar vb. aracılığıyla.

The Communists have not invented the intervention of society in education

Komünistler, toplumun eğitime müdahalesini icat etmediler

they do but seek to alter the character of that intervention

Yaparlar, ancak bu müdahalenin karakterini değiştirmeye çalışırlar

and they seek to rescue education from the influence of the ruling class

Ve eğitimi egemen sınıfın etkisinden kurtarmaya çalışıyorlar

The Bourgeoisie talk of the hallowed co-relation of parent and child

Burjuvazi, ebeveyn ve çocuğun kutsal birlikteliğinden bahseder

but this clap-trap about the family and education becomes all the more disgusting when we look at Modern Industry

ama aile ve eğitimle ilgili bu alkış tuzağı, Modern Endüstri'ye baktığımızda daha da hale geliyor

all family ties among the proletarians are torn asunder by modern industry

Proleterler arasındaki tüm aile bağları, modern sanayi tarafından parçalanmıştır

their children are transformed into simple articles of commerce and instruments of labour

Çocukları basit ticaret eşyalarına ve emek araçlarına dönüştürülüyor

But you Communists would create a community of women, screams the whole Bourgeoisie in chorus

Ama siz Komünistler bir kadın topluluğu yaratacaksınız, diye bağırıyor tüm Burjuvazi koro halinde

The Bourgeoisie sees in his wife a mere instrument of production

Burjuvazi karısını sadece bir üretim aracı olarak görür

He hears that the instruments of production are to be exploited by all

Üretim araçlarının herkes tarafından sömürülmesi gerektiğini duyar

and, naturally, he can come to no other conclusion than that the lot of being common to all will likewise fall to women

Ve doğal olarak, herkes için ortak olan payın aynı şekilde kadınlara da düşeceğinden başka bir sonuca varamaz

He has not even a suspicion that the real point is to do away with the status of women as mere instruments of production

Asıl meselenin, kadınların salt üretim araçları olarak statüsünü ortadan kaldırmak olduğuna dair en ufak bir şüphesi bile yok

For the rest, nothing is more ridiculous than the virtuous indignation of our Bourgeoisie at the community of women

Geri kalanlar için, hiçbir şey Burjuvazimizin kadın topluluğuna duyduğu erdemli öfkeden daha gülünç olamaz

they pretend it is to be openly and officially established by the Communists

Komünistler tarafından açıkça ve resmen kurulmuş gibi davranıyorlar

The Communists have no need to introduce community of women, it has existed almost from time immemorial

Komünistlerin kadın topluluğunu tanıtmaya ihtiyaçları yoktur, neredeyse çok eski zamanlardan beri var olmuştur

Our Bourgeoisie are not content with having the wives and daughters of their proletarians at their disposal

Burjuvazimiz, proleterlerinin karılarını ve kızlarını emrinde bulundurmakla yetinmez

they take the greatest pleasure in seducing each other's wives

Birbirlerinin eşlerini baştan çıkarmaktan en büyük zevki alırlar

and that is not even to speak of common prostitutes

Ve bu sıradan bahsetmek bile değil

Bourgeoisie marriage is in reality a system of wives in common

Burjuva evliliği gerçekte ortak bir eş sistemidir

then there is one thing that the Communists might possibly be reproached with

o zaman Komünistlerin muhtemelen kınanabileceği bir şey var

they desire to introduce an openly legalised community of women

Açıkça yasallaştırılmış bir kadın topluluğu oluşturmak istiyorlar

rather than a hypocritically concealed community of women
ikiyüzlü bir şekilde gizlenmiş bir kadın topluluğundan ziyade
the community of women springing from the system of production
Üretim sisteminden doğan kadın topluluğu
abolish the system of production, and you abolish the community of women
Üretim sistemini ortadan kaldırırsanız, kadın topluluğunu da ortadan kaldırırsınız
both public prostitution is abolished, and private prostitution
hem kamu fuhuşu kaldırıldı hem de özel
The Communists are further more reproached with desiring to abolish countries and nationality
Komünistler, ülkeleri ve milliyetleri ortadan kaldırmayı arzulamakla daha da kınanıyorlar
The working men have no country, so we cannot take from them what they have not got
Emekçilerin vatanı yok, bu yüzden sahip olmadıkları şeyi onlardan alamayız
the proletariat must first of all acquire political supremacy
Proletarya her şeyden önce siyasal üstünlüğü ele geçirmelidir
the proletariat must rise to be the leading class of the nation
Proletarya, ulusun önder sınıfı olmak için yükselmelidir
the proletariat must constitute itself the nation
Proletarya kendisini ulus olarak oluşturmalıdır
it is, so far, itself national, though not in the Bourgeoisie sense of the word
şimdiye kadar, kelimenin Burjuva anlamında olmasa da, kendisi ulusaldır
National differences and antagonisms between peoples are daily more and more vanishing
Halklar arasındaki ulusal farklılıklar ve uzlaşmaz karşıtlıklar her geçen gün daha da ortadan kalkıyor
owing to the development of the Bourgeoisie, to freedom of commerce, to the world-market

Burjuvazinin gelişmesine, ticaret özgürlüğüne, dünya pazarına

to uniformity in the mode of production and in the conditions of life corresponding thereto

üretim tarzında ve buna tekabül eden yaşam koşullarında tekdüzeliğe

The supremacy of the proletariat will cause them to vanish still faster

Proletaryanın üstünlüğü onların daha da hızlı yok olmalarına neden olacaktır

United action, of the leading civilised countries at least, is one of the first conditions for the emancipation of the proletariat

En azından önde gelen uygar ülkelerin birleşik eylemi, proletaryanın kurtuluşunun ilk koşullarından biridir

In proportion as the exploitation of one individual by another is put an end to, the exploitation of one nation by another will also be put an end to

Bir bireyin bir başkası tarafından sömürülmesine son verildiği ölçüde, bir ulusun başka bir ulus tarafından sömürülmesine de son verilecektir.

In proportion as the antagonism between classes within the nation vanishes, the hostility of one nation to another will come to an end

Ulus içindeki sınıflar arasındaki uzlaşmaz karşıtlık ortadan kalktığı ölçüde, bir ulusun diğerine düşmanlığı da sona erecektir

The charges against Communism made from a religious, a philosophical, and, generally, from an ideological standpoint, are not deserving of serious examination

Komünizme karşı dini, felsefi ve genel olarak ideolojik bir bakış açısıyla yapılan suçlamalar ciddi bir incelemeyi hak etmemektedir

Does it require deep intuition to comprehend that man's ideas, views and conceptions changes with every change in the conditions of his material existence?

İnsanın fikirlerinin, görüşlerinin ve kavramlarının, maddi varoluş koşullarındaki her değişiklikle değiştiğini kavramak derin bir sezgi gerektirir mi?

is it not obvious that man's consciousness changes when his social relations and his social life changes?

İnsanın toplumsal ilişkileri ve toplumsal yaşamı değiştiğinde bilincinin de değiştiği açık değil midir?

What else does the history of ideas prove, than that intellectual production changes its character in proportion as material production is changed?

İdealar tarihi, maddi üretimin değiştiği oranda entelektüel üretimin de karakterini değiştirdiğinden başka neyi kanıtlıyor?

The ruling ideas of each age have ever been the ideas of its ruling class

Her çağın egemen fikirleri, her zaman egemen sınıfın fikirleri olmuştur

When people speak of ideas that revolutionise society, they do but express one fact

İnsanlar toplumda devrim yaratan fikirlerden bahsettiklerinde, sadece bir gerçeği ifade ederler

within the old society, the elements of a new one have been created

Eski toplum içinde, yeni bir toplumun unsurları yaratılmıştır

and that the dissolution of the old ideas keeps even pace with the dissolution of the old conditions of existence

ve eski fikirlerin çözülmesinin, eski varoluş koşullarının çözülmesine bile ayak uydurduğunu

When the ancient world was in its last throes, the ancient religions were overcome by Christianity

Antik dünya son sancılarını yaşarken, eski dinler Hıristiyanlık tarafından alt edildi

When Christian ideas succumbed in the 18th century to rationalist ideas, feudal society fought its death battle with the then revolutionary Bourgeoisie

18. yüzyılda Hıristiyan fikirler rasyonalist fikirlere yenik

düştüğünde, feodal toplum o zamanki devrimci burjuvazi ile ölüm kalım savaşına girdi

The ideas of religious liberty and freedom of conscience merely gave expression to the sway of free competition within the domain of knowledge

Din özgürlüğü ve vicdan özgürlüğü fikirleri, yalnızca bilgi alanındaki serbest rekabetin etkisini ifade etti

"Undoubtedly," it will be said, "religious, moral, philosophical and juridical ideas have been modified in the course of historical development"

"Kuşkusuz" denilecektir, "dini, ahlaki, felsefi ve hukuksal fikirler tarihsel gelişim sürecinde değiştirilmiştir"

"But religion, morality philosophy, political science, and law, constantly survived this change"

"Ama din, ahlak, felsefe, siyaset bilimi ve hukuk bu değişimden sürekli kurtuldu"

"There are also eternal truths, such as Freedom, Justice, etc"

"Özgürlük, Adalet vb. gibi ebedi gerçekler de vardır"

"these eternal truths are common to all states of society"

"Bu ebedi gerçekler toplumun tüm devletleri için ortaktır"

"But Communism abolishes eternal truths, it abolishes all religion, and all morality"

"Ama komünizm ebedi gerçekleri ortadan kaldırır, tüm dinleri ve tüm ahlakı ortadan kaldırır."

"it does this instead of constituting them on a new basis"

"Yeni bir zeminde oluşturmak yerine bunu yapıyor"

"it therefore acts in contradiction to all past historical experience"

"Bu nedenle tüm geçmiş tarihsel deneyimlerle çelişiyor"

What does this accusation reduce itself to?

Bu suçlama kendini neye indirgiyor?

The history of all past society has consisted in the development of class antagonisms

Tüm geçmiş toplumların tarihi, sınıf karşıtlıklarının gelişmesinden ibarettir

antagonisms that assumed different forms at different

epochs
farklı çağlarda farklı biçimler alan antagonizmalar
But whatever form they may have taken, one fact is common to all past ages
Ancak hangi biçimi almış olurlarsa olsunlar, bir gerçek tüm geçmiş çağlar için ortaktır
the exploitation of one part of society by the other
toplumun bir bölümünün diğeri tarafından sömürülmesi
No wonder, then, that the social consciousness of past ages moves within certain common forms, or general ideas
Öyleyse, geçmiş çağların toplumsal bilincinin belirli ortak biçimler ya da genel fikirler içinde hareket etmesine şaşmamak gerekir
(and that is despite all the multiplicity and variety it displays)
(ve bu, sergilediği tüm çokluğa ve çeşitliliğe rağmen)
and these cannot completely vanish except with the total disappearance of class antagonisms
Ve bunlar, sınıf karşıtlıklarının tamamen ortadan kalkması dışında tamamen ortadan kalkamaz
The Communist revolution is the most radical rupture with traditional property relations
Komünist devrim, geleneksel mülkiyet ilişkilerinden en radikal kopuştur
no wonder that its development involves the most radical rupture with traditional ideas
Gelişiminin geleneksel fikirlerle en radikal kopuşu içermesine şaşmamalı
But let us have done with the Bourgeoisie objections to Communism
Ama komünizme karşı burjuvazinin itirazlarını bitirelim
We have seen above the first step in the revolution by the working class
İşçi sınıfının devrimdeki ilk adımını yukarıda gördük
proletariat has to be raised to the position of ruling, to win the battle of democracy

Proletarya, demokrasi savaşını kazanmak için yönetici konumuna yükseltilmelidir

The proletariat will use its political supremacy to wrest, by degrees, all capital from the Bourgeoisie

Proletarya, siyasi üstünlüğünü, tüm sermayeyi burjuvaziden yavaş yavaş çekip almak için kullanacaktır

it will centralise all instruments of production in the hands of the State

tüm üretim araçlarını devletin elinde merkezileştirecektir

in other words, the proletariat organised as the ruling class

Başka bir deyişle, proletarya egemen sınıf olarak örgütlendi

and it will increase the total of productive forces as rapidly as possible

Ve üretici güçlerin toplamını mümkün olduğu kadar hızlı bir şekilde artıracaktır

Of course, in the beginning, this cannot be effected except by means of despotic inroads on the rights of property

Elbette, başlangıçta, bu, mülkiyet haklarına yönelik despotik saldırılar dışında gerçekleştirilemez

and it has to be achieved on the conditions of Bourgeoisie production

ve bu, burjuvazinin üretim koşullarında gerçekleştirilmelidir

it is achieved by means of measures, therefore, which appear economically insufficient and untenable

Bu nedenle, ekonomik olarak yetersiz ve savunulamaz görünen önlemlerle elde edilir

but these means, in the course of the movement, outstrip themselves

Ancak bu araçlar, hareket sırasında kendilerini aşar

they necessitate further inroads upon the old social order

eski toplumsal düzene daha fazla girmeyi gerektirirler

and they are unavoidable as a means of entirely revolutionising the mode of production

ve üretim tarzını tamamen devrimcileştirmenin bir aracı olarak kaçınılmazdırlar

These measures will of course be different in different

countries

Bu önlemler elbette farklı ülkelerde farklı olacaktır

Nevertheless in the most advanced countries, the following will be pretty generally applicable

Bununla birlikte, en gelişmiş ülkelerde, aşağıdakiler oldukça genel olarak uygulanabilir olacaktır

1. Abolition of property in land and application of all rents of land to public purposes.

1. Arazi mülkiyetinin kaldırılması ve tüm arazi kiralarının kamu amaçlarına uygulanması.

2. A heavy progressive or graduated income tax.

2. Ağır artan oranlı veya kademeli gelir vergisi.

3. Abolition of all right of inheritance.

3. Tüm miras hakkının kaldırılması.

4. Confiscation of the property of all emigrants and rebels.

4. Tüm göçmenlerin ve isyancıların mülklerine el konulması.

5. Centralisation of credit in the hands of the State, by means of a national bank with State capital and an exclusive monopoly.

5. Devlet sermayesi ve münhasır tekeli olan bir ulusal banka aracılığıyla kredinin Devletin elinde merkezileştirilmesi.

6. Centralisation of the means of communication and transport in the hands of the State.

6. İletişim ve ulaşım araçlarının Devletin elinde merkezileştirilmesi.

7. Extension of factories and instruments of production owned by the State

7. Devlete ait fabrikaların ve üretim araçlarının genişletilmesi

the bringing into cultivation of waste-lands, and the improvement of the soil generally in accordance with a common plan.

çorak toprakların işlenmesine başlanması ve toprağın genel olarak ortak bir plana uygun olarak ıslah edilmesi.

8. Equal liability of all to labour

8. Herkesin emeğe karşı eşit sorumluluğu

Establishment of industrial armies, especially for agriculture.
Özellikle tarım için sanayi ordularının kurulması.

9. Combination of agriculture with manufacturing industries
9. Tarımın imalat sanayileri ile birleşimi

gradual abolition of the distinction between town and country, by a more equable distribution of the population over the country.
Kasaba ve kır arasındaki ayrımın kademeli olarak kaldırılması, nüfusun ülke üzerinde daha eşit bir şekilde dağıtılması.

10. Free education for all children in public schools.
10. Devlet okullarındaki tüm çocuklar için ücretsiz eğitim.

Abolition of children's factory labour in its present form
Fabrika işçiliğinin bugünkü biçimiyle ortadan kaldırılması

Combination of education with industrial production
Eğitimin endüstriyel üretimle birleşimi

When, in the course of development, class distinctions have disappeared
Gelişme sürecinde sınıf ayrımları ortadan kalktığında

and when all production has been concentrated in the hands of a vast association of the whole nation
ve tüm üretim, tüm ulusun geniş bir birliğinin elinde toplandığında

then the public power will lose its political character
o zaman kamu gücü siyasi karakterini kaybeder

Political power, properly so called, is merely the organised power of one class for oppressing another
Siyasal iktidar, doğru bir ifadeyle, bir sınıfın diğerini ezmek için örgütlü iktidarından başka bir şey değildir

If the proletariat during its contest with the Bourgeoisie is compelled, by the force of circumstances, to organise itself as a class
Eğer proletarya, burjuvazi ile mücadelesi sırasında, koşulların zoruyla, kendisini bir sınıf olarak örgütlemeye zorlanırsa

if, by means of a revolution, it makes itself the ruling class
eğer bir devrim yoluyla kendisini egemen sınıf haline getirirse
and, as such, it sweeps away by force the old conditions of production
Ve böylece, eski üretim koşullarını zorla silip süpürür
then it will, along with these conditions, have swept away the conditions for the existence of class antagonisms and of classes generally
o zaman, bu koşullarla birlikte, sınıf karşıtlıklarının ve genel olarak sınıfların varoluş koşullarını da ortadan kaldırmış olacaktır
and will thereby have abolished its own supremacy as a class.
ve böylece bir sınıf olarak kendi üstünlüğünü ortadan kaldırmış olacaktır.
In place of the old Bourgeoisie society, with its classes and class antagonisms, we shall have an association
Sınıfları ve sınıf karşıtlıklarıyla eski burjuva toplumunun yerine, bir birliğimiz olacaktır
an association in which the free development of each is the condition for the free development of all
Her birinin özgür gelişiminin, herkesin özgür gelişiminin koşulu olduğu bir birlik

Reactionary Socialism
Gerici Sosyalizm

a) Feudal Socialism
a) Feodal Sosyalizm

the aristocracies of France and England had a unique historical position
Fransa ve İngiltere aristokrasilerinin benzersiz bir tarihsel konumu vardı
it became their vocation to write pamphlets against modern Bourgeoisie society
modern Burjuva toplumuna karşı broşürler yazmak onların mesleği haline geldi
In the French revolution of July 1830, and in the English reform agitation
Temmuz 1830 Fransız Devrimi'nde ve İngiliz reform ajitasyonunda
these aristocracies again succumbed to the hateful upstart
Bu aristokrasiler yine nefret dolu başlangıçlara yenik düştü
Thenceforth, a serious political contest was altogether out of the question
O andan itibaren, ciddi bir siyasi yarışma söz konusu değildi
All that remained possible was literary battle, not an actual battle
Mümkün olan tek şey gerçek bir savaş değil, edebi bir savaştı
But even in the domain of literature the old cries of the restoration period had become impossible
Ancak edebiyat alanında bile restorasyon döneminin eski çığlıkları imkansız hale gelmişti
In order to arouse sympathy, the aristocracy were obliged to lose sight, apparently, of their own interests
Sempati uyandırmak için, aristokrasi, görünüşe göre, kendi çıkarlarını gözden kaçırmak zorunda kaldı
and they were obliged to formulate their indictment against the Bourgeoisie in the interest of the exploited working class

ve burjuvaziye karşı iddianamelerini sömürülen işçi sınıfının
çıkarları için formüle etmek zorunda kaldılar

**Thus the aristocracy took their revenge by singing lampoons
on their new master**
Böylece aristokrasi, yeni efendilerine laflar söyleyerek
intikamını aldı

**and they took their revenge by whispering in his ears
sinister prophecies of coming catastrophe**
ve yaklaşan felaketin uğursuz kehanetlerini kulaklarına
fısıldayarak intikamlarını aldılar

**In this way arose Feudal Socialism: half lamentation, half
lampoon**
Bu şekilde Feodal Sosyalizm ortaya çıktı: yarı ağıt, yarı lamba

**it rung as half echo of the past, and projected half menace of
the future**
Geçmişin yarı yankısı olarak çaldı ve geleceğin yarı tehdidi
olarak yansıtıldı

**at times, by its bitter, witty and incisive criticism, it struck
the Bourgeoisie to the very heart's core**
zaman zaman acı, nükteli ve keskin eleştirileriyle burjuvaziyi
derinden vurdu

**but it was always ludicrous in its effect, through total
incapacity to comprehend the march of modern history**
ama modern tarihin ilerleyişini kavrama konusundaki tam
yetersizliği nedeniyle etkisi her zaman gülünçtü

**The aristocracy, in order to rally the people to them, waved
the proletarian alms-bag in front for a banner**
Aristokrasi, halkı kendilerine toplamak için, proleter sadaka
torbasını bir pankart için salladılar

**But the people, so often as it joined them, saw on their
hindquarters the old feudal coats of arms**
Ama halk, sık sık onlara katılır katılmaz, arka taraflarında eski
feodal armalar gördüler

and they deserted with loud and irreverent laughter
ve yüksek sesle ve saygısız kahkahalarla firar ettiler

One section of the French Legitimists and "Young England"

exhibited this spectacle

Fransız Meşruiyetçilerinin ve "Genç İngiltere"nin bir kesimi bu gösteriyi sergiledi

the feudalists pointed out that their mode of exploitation was different to that of the Bourgeoisie

feodaller, sömürü biçimlerinin burjuvazininkinden farklı olduğuna dikkat çektiler

the feudalists forget that they exploited under circumstances and conditions that were quite different

Feodalistler, oldukça farklı koşullar ve koşullar altında sömürdüklerini unutuyorlar

and they didn't notice such methods of exploitation are now antiquated

Ve bu tür sömürü yöntemlerinin artık modası geçmiş olduğunu fark etmediler

they showed that, under their rule, the modern proletariat never existed

Onlar, kendi egemenlikleri altında modern proletaryanın hiçbir zaman var olmadığını gösterdiler

but they forget that the modern Bourgeoisie is the necessary offspring of their own form of society

ama modern burjuvazinin kendi toplum biçimlerinin zorunlu ürünü olduğunu unutuyorlar

For the rest, they hardly conceal the reactionary character of their criticism

Geri kalanı için, eleştirilerinin gerici karakterini pek gizlemiyorlar

their chief accusation against the Bourgeoisie amounts to the following

Burjuvaziye yönelttikleri başlıca suçlamalar şu şekildedir

under the Bourgeoisie regime a social class is being developed

Burjuva rejimi altında bir sosyal sınıf gelişiyor

this social class is destined to cut up root and branch the old order of society

Bu sosyal sınıf, toplumun eski düzenini kökten kesmeye ve

dallandırmaya yazgılıdır

What they upbraid the Bourgeoisie with is not so much that it creates a proletariat

Burjuvaziyi yükselttikleri şey, bir proletarya yaratacak kadar değildir

what they upbraid the Bourgeoisie with is moreso that it creates a revolutionary proletariat

Burjuvaziyi örttüğü şey, daha çok, devrimci bir proletarya yaratmasıdır

In political practice, therefore, they join in all coercive measures against the working class

Bu nedenle, siyasi pratikte, işçi sınıfına karşı her türlü zorlayıcı önlemde birleşirler

and in ordinary life, despite their highfalutin phrases, they stoop to pick up the golden apples dropped from the tree of industry

Ve sıradan hayatta, yüksek falutin ifadelerine rağmen, sanayi ağacından düşen altın elmaları almak için eğilirler

and they barter truth, love, and honour for commerce in wool, beetroot-sugar, and potato spirits

Yün, pancar-şeker ve patates içkisi ticareti için gerçeği, sevgiyi ve onuru takas ederler

As the parson has ever gone hand in hand with the landlord, so has Clerical Socialism with Feudal Socialism

Papazın toprak sahibiyle el ele gittiği gibi, Ruhban Sosyalizmi de Feodal Sosyalizmle el ele gitmiştir

Nothing is easier than to give Christian asceticism a Socialist tinge

Hıristiyan çileciliğine sosyalist bir renk vermekten daha kolay bir şey yoktur

Has not Christianity declaimed against private property, against marriage, against the State?

Hıristiyanlık özel mülkiyete, evliliğe, devlete karşı çıkmadı mı?

Has Christianity not preached in the place of these, charity and poverty?

Hıristiyanlık bunların yerine hayırseverlik ve fakirlik vaaz etmedi mi?

Does Christianity not preach celibacy and mortification of the flesh, monastic life and Mother Church?

Hıristiyanlık, bekarlığı ve bedenin aşağılanmasını, manastır yaşamını ve Ana Kilise'yi vaaz etmiyor mu?

Christian Socialism is but the holy water with which the priest consecrates the heart-burnings of the aristocrat

Hıristiyan Sosyalizmi, rahibin aristokratın yürek yakmalarını kutsadığı kutsal sudan başka bir şey değildir

b) Petty-Bourgeois Socialism
b) Küçük-Burjuva Sosyalizmi

The feudal aristocracy was not the only class that was ruined by the Bourgeoisie
Feodal aristokrasi, burjuvazi tarafından mahvedilen tek sınıf değildi

it was not the only class whose conditions of existence pined and perished in the atmosphere of modern Bourgeoisie society
varoluş koşulları modern Burjuva toplumunun atmosferinde sıkışıp kalan tek sınıf değildi

The medieval burgesses and the small peasant proprietors were the precursors of the modern Bourgeoisie
Ortaçağ kentlileri ve küçük köylü mülk sahipleri, modern burjuvazinin öncüleriydi

In those countries which are but little developed, industrially and commercially, these two classes still vegetate side by side
Sınaî ve ticarî bakımdan çok az gelişmiş olan ülkelerde, bu iki sınıf hâlâ yan yana bitkisel hayatta

and in the meantime the Bourgeoisie rise up next to them: industrially, commercially, and politically
ve bu arada burjuvazi onların yanında ayağa kalkar: endüstriyel, ticari ve politik olarak

In countries where modern civilisation has become fully developed, a new class of petty Bourgeoisie has been formed
Modern uygarlığın tam olarak geliştiği ülkelerde, yeni bir küçük-burjuvazi sınıfı oluşmuştur

this new social class fluctuates between proletariat and Bourgeoisie
bu yeni sosyal sınıf, proletarya ve burjuvazi arasında dalgalanmaktadır

and it is ever renewing itself as a supplementary part of Bourgeoisie society
ve Burjuva toplumunun tamamlayıcı bir parçası olarak

kendini sürekli yeniliyor

The individual members of this class, however, are being constantly hurled down into the proletariat

Ne var ki, bu sınıfın tek tek üyeleri, sürekli olarak proletaryanın içine atılmaktadır

they are sucked up by the proletariat through the action of competition

Rekabet eylemi yoluyla proletarya tarafından emilirler

as modern industry develops they even see the moment approaching when they will completely disappear as an independent section of modern society

Modern sanayi geliştikçe, modern toplumun bağımsız bir kesimi olarak tamamen ortadan kalkacakları anın yaklaştığını bile görüyorlar

they will be replaced, in manufactures, agriculture and commerce, by overlookers, bailiffs and shopmen

İmalat sanayinde, tarımda ve ticarette onların yerini gözetmenler, icra memurları ve esnaflar alacak

In countries like France, where the peasants constitute far more than half of the population

Köylülerin nüfusun yarısından fazlasını oluşturduğu Fransa gibi ülkelerde

it was natural that there there are writers who sided with the proletariat against the Bourgeoisie

Burjuvaziye karşı proletaryanın yanında yer alan yazarların olması doğaldı

in their criticism of the Bourgeoisie regime they used the standard of the peasant and petty Bourgeoisie

Burjuva rejimini eleştirirken köylü ve küçük burjuvazinin standardını kullandılar

and from the standpoint of these intermediate classes they take up the cudgels for the working class

Ve bu ara sınıfların bakış açısından, işçi sınıfı için sopaları ele alıyorlar

Thus arose petty-Bourgeoisie Socialism, of which Sismondi was the head of this school, not only in France but also in

England

Böylece, Sismondi'nin bu okulun başkanı olduğu küçük-burjuva sosyalizmi, yalnızca Fransa'da değil, İngiltere'de de ortaya çıktı

This school of Socialism dissected with great acuteness the contradictions in the conditions of modern production

Bu sosyalizm okulu, modern üretim koşullarındaki çelişkileri büyük bir keskinlikle inceledi

This school laid bare the hypocritical apologies of economists

Bu okul, iktisatçıların ikiyüzlü özürlerini gözler önüne serdi

This school proved, incontrovertibly, the disastrous effects of machinery and division of labour

Bu okul, makinelerin ve işbölümünün yıkıcı etkilerini inkar edilemez bir şekilde kanıtladı

it proved the concentration of capital and land in a few hands

Sermayenin ve toprağın birkaç elde toplandığını kanıtladı

it proved how overproduction leads to Bourgeoisie crises

aşırı üretimin nasıl burjuva krizlerine yol açtığını kanıtladı

it pointed out the inevitable ruin of the petty Bourgeoisie and peasant

küçük-burjuvazinin ve köylünün kaçınılmaz yıkımına işaret ediyordu

the misery of the proletariat, the anarchy in production, the crying inequalities in the distribution of wealth

proletaryanın sefaleti, üretimdeki anarşi, servetin dağılımındaki haykıran eşitsizlikler

it showed how the system of production leads the industrial war of extermination between nations

Üretim sisteminin, uluslar arasındaki endüstriyel imha savaşına nasıl yol açtığını gösterdi

the dissolution of old moral bonds, of the old family relations, of the old nationalities

eski ahlaki bağların, eski aile ilişkilerinin, eski milliyetlerin çözülmesi

In its positive aims, however, this form of Socialism aspires to achieve one of two things

Bununla birlikte, olumlu amaçlarında, sosyalizmin bu biçimi iki şeyden birini başarmayı amaçlamaktadır

either it aims to restore the old means of production and of exchange

Ya eski üretim ve değişim araçlarını yeniden kurmayı hedefliyor

and with the old means of production it would restore the old property relations, and the old society

Ve eski üretim araçlarıyla, eski mülkiyet ilişkilerini ve eski toplumu yeniden kuracaktı

or it aims to cramp the modern means of production and exchange into the old framework of the property relations

ya da modern üretim ve mübadele araçlarını mülkiyet ilişkilerinin eski çerçevesine sıkıştırmayı amaçlar

In either case, it is both reactionary and Utopian

Her iki durumda da hem gerici hem de ütopiktir

Its last words are: corporate guilds for manufacture, patriarchal relations in agriculture

Son sözleri şunlardır: üretim için şirket loncaları, tarımda ataerkil ilişkiler

Ultimately, when stubborn historical facts had dispersed all intoxicating effects of self-deception

Nihayetinde, inatçı tarihsel gerçekler, kendini aldatmanın tüm sarhoş edici etkilerini dağıttığında

this form of Socialism ended in a miserable fit of pity

Sosyalizmin bu biçimi sefil bir acıma nöbetiyle sona erdi

c) German, or "True," Socialism
c) Alman ya da "Gerçek" Sosyalizm

The Socialist and Communist literature of France originated under the pressure of a Bourgeoisie in power
Fransa'nın Sosyalist ve Komünist edebiyatı, iktidardaki bir Burjuvazinin baskısı altında ortaya çıktı
and this literature was the expression of the struggle against this power
Ve bu edebiyat, bu iktidara karşı mücadelenin ifadesiydi
it was introduced into Germany at a time when the Bourgeoisie had just begun its contest with feudal absolutism
Burjuvazinin feodal mutlakiyetçilikle mücadelesine yeni başladığı bir dönemde Almanya'ya tanıtıldı
German philosophers, would-be philosophers, and beaux esprits, eagerly seized on this literature
Alman filozoflar, müstakbel filozoflar ve beaux espritler bu literatüre hevesle sarıldılar
but they forgot that the writings immigrated from France into Germany without bringing the French social conditions along
ama yazıların Fransa'dan Almanya'ya göç ettiğini ve Fransız toplumsal koşullarını beraberinde getirmediğini unuttular
In contact with German social conditions, this French literature lost all its immediate practical significance
Alman toplumsal koşullarıyla temas halinde, bu Fransız edebiyatı tüm dolaysız pratik önemini yitirdi
and the Communist literature of France assumed a purely literary aspect in German academic circles
ve Fransa'nın Komünist edebiyatı, Alman akademik çevrelerinde tamamen edebi bir yön kazandı
Thus, the demands of the first French Revolution were nothing more than the demands of "Practical Reason"
Bu nedenle, ilk Fransız Devrimi'nin talepleri, "Pratik Aklın" taleplerinden başka bir şey değildi

and the utterance of the will of the revolutionary French Bourgeoisie signified in their eyes the law of pure Will

ve devrimci Fransız Burjuvazisinin iradesinin dile getirilmesi, onların gözünde saf irade yasasını ifade ediyordu

it signified Will as it was bound to be; of true human Will generally

olması gerektiği gibi İrade'yi ifade ediyordu; genel olarak gerçek insan iradesinin

The world of the German literati consisted solely in bringing the new French ideas into harmony with their ancient philosophical conscience

Alman edebiyatçılarının dünyası, yalnızca yeni Fransız fikirlerini eski felsefi vicdanlarıyla uyumlu hale getirmekten ibaretti

or rather, they annexed the French ideas without deserting their own philosophic point of view

daha doğrusu, kendi felsefi bakış açılarını terk etmeden Fransız fikirlerini ilhak ettiler

This annexation took place in the same way in which a foreign language is appropriated, namely, by translation

Bu ilhak, yabancı bir dilin sahiplenildiği şekilde, yani çeviri yoluyla gerçekleşti

It is well known how the monks wrote silly lives of Catholic Saints over manuscripts

Keşişlerin el yazmaları üzerine Katolik Azizlerin aptalca hayatlarını nasıl yazdıkları iyi bilinmektedir

the manuscripts on which the classical works of ancient heathendom had been written

Eski putperestliğin klasik eserlerinin yazıldığı el yazmaları

The German literati reversed this process with the profane French literature

Alman edebiyatçıları bu süreci saygısız Fransız edebiyatıyla tersine çevirdiler

They wrote their philosophical nonsense beneath the French original

Felsefi saçmalıklarını Fransızca aslının altına yazdılar

For instance, beneath the French criticism of the economic functions of money, they wrote "Alienation of Humanity"
Örneğin, Fransızların paranın ekonomik işlevlerine yönelik eleştirilerinin altına "İnsanlığın Yabancılaşması"nı yazdılar
beneath the French criticism of the Bourgeoisie State they wrote "dethronement of the Category of the General"
Fransızların Burjuva Devletine yönelik eleştirisinin altına "Genel Kategorisinin Tahttan İndirilmesi" yazdılar
The introduction of these philosophical phrases at the back of the French historical criticisms they dubbed:
Bu felsefi ifadelerin Fransız tarih eleştirilerinin arkasına girmesi:
"Philosophy of Action," "True Socialism," "German Science of Socialism," "Philosophical Foundation of Socialism," and so on
"Eylem Felsefesi", "Gerçek Sosyalizm", "Alman Sosyalizm Bilimi", "Sosyalizmin Felsefi Temeli" vb.
The French Socialist and Communist literature was thus completely emasculated
Fransız Sosyalist ve Komünist edebiyatı böylece tamamen iğdiş edildi
in the hands of the German philosophers it ceased to express the struggle of one class with the other
Alman filozoflarının elinde, bir sınıfın diğeriyle mücadelesini ifade etmekten vazgeçti
and so the German philosophers felt conscious of having overcome "French one-sidedness"
ve böylece Alman filozoflar "Fransız tek taraflılığının" üstesinden geldiklerinin bilincinde hissettiler
it did not have to represent true requirements, rather, it represented requirements of truth
Gerçek gereksinimleri temsil etmek zorunda değildi, daha ziyade gerçeğin gereksinimlerini temsil ediyordu
there was no interest in the proletariat, rather, there was interest in Human Nature
proletaryaya ilgi yoktu, daha ziyade İnsan Doğasına ilgi vardı

the interest was in Man in general, who belongs to no class, and has no reality

ilgi, genel olarak hiçbir sınıfa ait olmayan ve gerçekliği olmayan insandaydı

a man who exists only in the misty realm of philosophical fantasy

sadece felsefi fantezinin puslu aleminde var olan bir adam

but eventually this schoolboy German Socialism also lost its pedantic innocence

ama sonunda bu okul çocuğu Alman Sosyalizmi de bilgiçlik taslayan masumiyetini kaybetti

the German Bourgeoisie, and especially the Prussian Bourgeoisie fought against feudal aristocracy

Alman Burjuvazisi ve özellikle Prusya Burjuvazisi feodal aristokrasiye karşı savaştı

the absolute monarchy of Germany and Prussia was also being faught against

Almanya ve Prusya'nın mutlak monarşisine karşı da mücadele ediliyordu

and in turn, the literature of the liberal movement also became more earnest

Ve buna karşılık, liberal hareketin edebiyatı da daha ciddi hale geldi

Germany's long wished-for opportunity for "true" Socialism was offered

Almanya'nın uzun zamandır arzuladığı "gerçek" sosyalizm fırsatı sunuldu

the opportunity of confronting the political movement with the Socialist demands

siyasi hareketin karşısına sosyalist taleplerle çıkma fırsatı

the opportunity of hurling the traditional anathemas against liberalism

Liberalizme karşı geleneksel aforozları fırlatma fırsatı

the opportunity to attack representative government and Bourgeoisie competition

temsili hükümete ve Burjuva rekabetine saldırma fırsatı

Bourgeoisie freedom of the press, Bourgeoisie legislation, Bourgeoisie liberty and equality

Burjuvazi basın özgürlüğü, Burjuvazi yasama, Burjuvazi özgürlüğü ve eşitliği

all of these could now be critiqued in the real world, rather than in fantasy

Bunların hepsi artık fanteziden ziyade gerçek dünyada eleştirilebilir

feudal aristocracy and absolute monarchy had long preached to the masses

Feodal aristokrasi ve mutlak monarşi uzun zamandır kitlelere vaaz veriyordu

"the working man has nothing to lose, and he has everything to gain"

"Emekçinin kaybedecek hiçbir şeyi yoktur ve kazanacak her şeyi vardır"

the Bourgeoisie movement also offered a chance to confront these platitudes

Burjuva hareketi de bu basmakalıp sözlerle yüzleşmek için bir şans sundu

the French criticism presupposed the existence of modern Bourgeoisie society

Fransız eleştirisi, modern burjuva toplumunun varlığını varsayıyordu

Bourgeoisie economic conditions of existence and Bourgeoisie political constitution

Burjuvazinin ekonomik varoluş koşulları ve burjuvazinin siyasal kuruluşu

the very things whose attainment was the object of the pending struggle in Germany

Almanya'da bekleyen mücadelenin amacı olan şeyler

Germany's silly echo of socialism abandoned these goals just in the nick of time

Almanya'nın aptalca sosyalizm yankısı, bu hedefleri tam zamanında terk etti

the absolute governments had their following of parsons,

professors, country squires and officials
Mutlak hükümetlerin papazları, profesörleri, ülke yaverlerini
ve memurlarını takip etmeleri gerekiyordu
the government of the time met the German working-class
risings with floggings and bullets
zamanın hükümeti, Alman işçi sınıfı ayaklanmalarını
dövülerek ve kurşunlarla karşıladı
for them this socialism served as a welcome scarecrow
against the threatening Bourgeoisie
onlar için bu sosyalizm, tehditkar Burjuvaziye karşı hoş bir
korkuluk işlevi gördü
and the German government was able to offer a sweet
dessert after the bitter pills it handed out
ve Alman hükümeti dağıttığı acı haplardan sonra tatlı bir tatlı
sunabildi
this "True" Socialism thus served the governments as a
weapon for fighting the German Bourgeoisie
bu "Gerçek" Sosyalizm, böylece hükümetlere Alman
Burjuvazisine karşı savaşmak için bir silah olarak hizmet etti
and, at the same time, it directly represented a reactionary
interest; that of the German Philistines
ve aynı zamanda, doğrudan gerici bir çıkarı temsil ediyordu;
Alman Filistinlilerininki
In Germany the petty Bourgeoisie class is the real social
basis of the existing state of things
Almanya'da küçük-burjuva sınıfı, mevcut durumun gerçek
toplumsal temelidir
a relique of the sixteenth century that has constantly been
cropping up under various forms
sürekli olarak çeşitli biçimler altında ortaya çıkan on altıncı
yüzyılın bir kalıntısı
To preserve this class is to preserve the existing state of
things in Germany
Bu sınıfı korumak, Almanya'daki mevcut durumu korumak
demektir
The industrial and political supremacy of the Bourgeoisie

threatens the petty Bourgeoisie with certain destruction

Burjuvazinin sınai ve siyasal üstünlüğü, küçük-burjuvaziyi kesin bir yıkımla tehdit etmektedir

on the one hand, it threatens to destroy the petty Bourgeoisie through the concentration of capital

bir yandan, sermayenin yoğunlaşması yoluyla küçük-burjuvaziyi yok etme tehdidinde bulunur

on the other hand, the Bourgeoisie threatens to destroy it through the rise of a revolutionary proletariat

öte yandan, burjuvazi, devrimci bir proletaryanın yükselişi yoluyla onu yok etmekle tehdit eder

"True" Socialism appeared to kill these two birds with one stone. It spread like an epidemic

"Gerçek" sosyalizm bu iki kuş vurulmuş gibi görünüyordu. Salgın gibi yayıldı

The robe of speculative cobwebs, embroidered with flowers of rhetoric, steeped in the dew of sickly sentiment

Spekülatif örümcek ağlarının cübbesi, retorik çiçekleriyle işlenmiş, hastalıklı duyguların çiyiyle demlenmişti

this transcendental robe in which the German Socialists wrapped their sorry "eternal truths"

Alman Sosyalistlerinin üzücü "ebedi gerçeklerini" sardıkları bu aşkın cübbe

all skin and bone, served to wonderfully increase the sale of their goods amongst such a public

Tüm deri ve kemik, böyle bir halk arasında mallarının satışını harika bir şekilde artırmaya hizmet etti

And on its part, German Socialism recognised, more and more, its own calling

Ve Alman Sosyalizmi kendi adına, kendi çağrısını giderek daha fazla kabul etti

it was called to be the bombastic representative of the petty-Bourgeoisie Philistine

küçük-burjuva darkafalılığın gösterişli temsilcisi olarak adlandırıldı

It proclaimed the German nation to be the model nation, and

German petty Philistine the model man
Alman ulusunu model ulus ve Alman küçük Filistinli'yi
model insan ilan etti
**To every villainous meanness of this model man it gave a
hidden, higher, Socialistic interpretation**
Bu örnek insanın her kötü alçaklığına gizli, daha yüksek,
Sosyalist bir yorum verdi
**this higher, Socialistic interpretation was the exact contrary
of its real character**
bu daha yüksek, Sosyalist yorum, gerçek karakterinin tam
tersiydi
**It went to the extreme length of directly opposing the
"brutally destructive" tendency of Communism**
Komünizmin "vahşice yıkıcı" eğilimine doğrudan karşı
çıkmanın en uç noktasına kadar gitti
**and it proclaimed its supreme and impartial contempt of all
class struggles**
ve tüm sınıf mücadelelerini yüce ve tarafsız bir şekilde
küçümsediğini ilan etti
**With very few exceptions, all the so-called Socialist and
Communist publications that now (1847) circulate in
Germany belong to the domain of this foul and enervating
literature**
Çok az istisna dışında, şimdi (1847) Almanya'da dolaşan tüm
sözde Sosyalist ve Komünist yayınlar bu ve sinir bozucu
literatürün alanına aittir

Conservative Socialism, or Bourgeoisie Socialism
Muhafazakar Sosyalizm veya Burjuva Sosyalizmi

A part of the Bourgeoisie is desirous of redressing social grievances
Burjuvazinin bir kısmı toplumsal sıkıntıları gidermeyi arzuluyor

in order to secure the continued existence of Bourgeoisie society
Burjuva toplumunun varlığını sürdürmesini güvence altına almak için

To this section belong economists, philanthropists, humanitarians
Bu bölüme ekonomistler, hayırseverler, insani yardım görevlileri aittir

improvers of the condition of the working class and organisers of charity
İşçi sınıfının durumunu iyileştirenler ve hayırseverlik örgütleyicileri

members of societies for the prevention of cruelty to animals
Hayvanlara Zulmü Önleme Dernekleri üyeleri

temperance fanatics, hole-and-corner reformers of every imaginable kind
Ölçülülük fanatikleri, akla gelebilecek her türden delik ve köşe reformcuları

This form of Socialism has, moreover, been worked out into complete systems
Üstelik, sosyalizmin bu biçimi, tam sistemler halinde işlenmiştir

We may cite Proudhon's "Philosophie de la Misère" as an example of this form
Proudhon'un "Philosophie de la Misère"ini bu biçime örnek olarak gösterebiliriz

The Socialistic Bourgeoisie want all the advantages of modern social conditions
Sosyalist burjuvazi, modern toplumsal koşulların tüm

avantajlarını istemektedir

but the Socialistic Bourgeoisie don't necessarily want the resulting struggles and dangers

ama Sosyalist Burjuvazi bunun sonucunda ortaya çıkan mücadeleleri ve tehlikeleri istemez

They desire the existing state of society, minus its revolutionary and disintegrating elements

Toplumun mevcut durumunu, devrimci ve parçalanan unsurları eksiltmek istiyorlar

in other words, they wish for a Bourgeoisie without a proletariat

başka bir deyişle, proletaryasız bir burjuvazi istiyorlar

The Bourgeoisie naturally conceives the world in which it is supreme to be the best

Burjuvazi doğal olarak en iyi olmanın en üstün olduğu dünyayı kavrar

and Bourgeoisie Socialism develops this comfortable conception into various more or less complete systems

ve Burjuva Sosyalizmi bu rahat anlayışı az çok eksiksiz çeşitli sistemler halinde geliştirir

they would very much like the proletariat to march straightway into the social New Jerusalem

proletaryanın doğrudan doğruya toplumsal Yeni Kudüs'e yürümesini çok istiyorlar

but in reality it requires the proletariat to remain within the bounds of existing society

ama gerçekte, proletaryanın mevcut toplumun sınırları içinde kalmasını gerektirir

they ask the proletariat to cast away all their hateful ideas concerning the Bourgeoisie

proletaryadan, burjuvazi hakkındaki tüm nefret dolu düşüncelerini bir kenara atmasını istiyorlar

there is a second more practical, but less systematic, form of this Socialism

bu sosyalizmin daha pratik, ama daha az sistematik ikinci bir biçimi daha var

this form of socialism sought to depreciate every revolutionary movement in the eyes of the working class

Sosyalizmin bu biçimi, her devrimci hareketi işçi sınıfının gözünde değersizleştirmeye çalışıyordu

they argue no mere political reform could be of any advantage to them

Hiçbir siyasi reformun kendilerine herhangi bir fayda sağlayamayacağını savunuyorlar

only a change in the material conditions of existence in economic relations are of benefit

Ekonomik ilişkilerde yalnızca maddi varoluş koşullarındaki bir değişiklik yararlıdır

like communism, this form of socialism advocates for a change in the material conditions of existence

Komünizm gibi, bu sosyalizm biçimi de maddi varoluş koşullarında bir değişikliği savunur

however, this form of socialism by no means suggests the abolition of the Bourgeoisie relations of production

Ne var ki, sosyalizmin bu biçimi, hiçbir şekilde burjuvazinin üretim ilişkilerinin ortadan kaldırılması anlamına gelmez

the abolition of the Bourgeoisie relations of production can only be achieved through a revolution

Burjuvazinin üretim ilişkilerinin ortadan kaldırılması ancak bir devrimle sağlanabilir

but instead of a revolution, this form of socialism suggests administrative reforms

Ancak bir devrim yerine, bu sosyalizm biçimi idari reformlar önerir

and these administrative reforms would be based on the continued existence of these relations

Ve bu idari reformlar, bu ilişkilerin varlığının devamına dayanacaktır

reforms, therefore, that in no respect affect the relations between capital and labour

Bu nedenle, sermaye ile emek arasındaki ilişkileri hiçbir şekilde etkilemeyen reformlar

at best, such reforms lessen the cost and simplify the administrative work of Bourgeoisie government

en iyi ihtimalle, bu tür reformlar maliyeti düşürür ve Burjuva hükümetinin idari işlerini basitleştirir

Bourgeois Socialism attains adequate expression, when, and only when, it becomes a mere figure of speech

Burjuva sosyalizmi, ancak ve ancak sadece bir konuşma şekli haline geldiği zaman yeterli ifadeye kavuşur

Free trade: for the benefit of the working class

Serbest ticaret: işçi sınıfının yararına

Protective duties: for the benefit of the working class

Koruyucu görevler: işçi sınıfının yararına

Prison Reform: for the benefit of the working class

Hapishane Reformu: İşçi Sınıfının Yararına

This is the last word and the only seriously meant word of Bourgeoisie Socialism

Bu, Burjuva Sosyalizminin son sözü ve ciddi anlamda söylenen tek sözüdür

It is summed up in the phrase: the Bourgeoisie is a Bourgeoisie for the benefit of the working class

Şu cümleyle özetlenir: Burjuvazi, işçi sınıfının yararına bir Burjuvazidir

Critical-Utopian Socialism and Communism
Eleştirel-Ütopik Sosyalizm ve Komünizm

We do not here refer to that literature which has always given voice to the demands of the proletariat

Burada, proletaryanın taleplerini her zaman dile getirmiş olan literatüre atıfta bulunmuyoruz

this has been present in every great modern revolution, such as the writings of Babeuf and others

bu, Babeuf ve diğerlerinin yazıları gibi her büyük modern devrimde mevcut olmuştur

The first direct attempts of the proletariat to attain its own ends necessarily failed

Proletaryanın kendi amaçlarına ulaşmaya yönelik ilk doğrudan girişimleri zorunlu olarak başarısız oldu

these attempts were made in times of universal excitement, when feudal society was being overthrown

Bu girişimler, feodal toplumun devrildiği evrensel heyecan zamanlarında yapıldı

the then undeveloped state of the proletariat led to those attempts failing

Proletaryanın o zamanki gelişmemiş durumu, bu girişimlerin başarısız olmasına yol açtı

and they failed due to the absence of the economic conditions for its emancipation

ve kurtuluşu için ekonomik koşulların yokluğu nedeniyle başarısız oldular

conditions that had yet to be produced, and could be produced by the impending Bourgeoisie epoch alone

henüz üretilmemiş ve yalnızca yaklaşmakta olan Burjuvazi çağı tarafından üretilebilecek koşullar

The revolutionary literature that accompanied these first movements of the proletariat had necessarily a reactionary character

Proletaryanın bu ilk hareketlerine eşlik eden devrimci yazın, zorunlu olarak gerici bir karaktere sahipti

This literature inculcated universal asceticism and social levelling in its crudest form

Bu literatür, evrensel çileciliği ve sosyal seviyelendirmeyi en kaba biçimiyle telkin etti

The Socialist and Communist systems, properly so called, spring into existence in the early undeveloped period

Sosyalist ve Komünist sistemler, doğru bir şekilde adlandırıldığında, gelişmemiş erken dönemde ortaya çıktı

Saint-Simon, Fourier, Owen and others, described the struggle between proletariat and Bourgeoisie (see Section 1)

Saint-Simon, Fourier, Owen ve diğerleri, proletarya ile burjuvazi arasındaki mücadeleyi tanımladılar (bakınız Kısım 1)

The founders of these systems see, indeed, the class antagonisms

Bu sistemlerin kurucuları, gerçekten de, sınıf karşıtlıklarını görürler

they also see the action of the decomposing elements, in the prevailing form of society

Ayrıca, çürüyen unsurların eylemini, hakim toplum biçiminde görürler

But the proletariat, as yet in its infancy, offers to them the spectacle of a class without any historical initiative

Ama henüz emekleme aşamasında olan proletarya, onlara herhangi bir tarihsel inisiyatifi olmayan bir sınıf gösterisi sunuyor

they see the spectacle of a social class without any independent political movement

Herhangi bir bağımsız siyasi hareketin olmadığı bir sosyal sınıfın gösterisini görüyorlar

the development of class antagonism keeps even pace with the development of industry

Sınıf karşıtlığının gelişmesi, sanayinin gelişmesine ayak uydurur

so the economic situation does not as yet offer to them the material conditions for the emancipation of the proletariat

Demek ki, ekonomik durum henüz onlara proletaryanın kurtuluşu için maddi koşulları sunmamaktadır

They therefore search after a new social science, after new social laws, that are to create these conditions

Bu nedenle, bu koşulları yaratacak yeni bir sosyal bilimin, yeni sosyal yasaların peşinde koşarlar

historical action is to yield to their personal inventive action

Tarihsel eylem, onların kişisel yaratıcı eylemlerine boyun eğmektir

historically created conditions of emancipation are to yield to fantastic conditions

Tarihsel olarak yaratılmış özgürleşme koşulları, fantastik koşullara boyun eğmektir

and the gradual, spontaneous class-organisation of the proletariat is to yield to the organisation of society

Ve proletaryanın tedrici, kendiliğinden sınıf örgütlenmesi, toplumun örgütlenmesine boyun eğecektir

the organisation of society specially contrived by these inventors

Bu mucitler tarafından özel olarak tasarlanan toplumun organizasyonu

Future history resolves itself, in their eyes, into the propaganda and the practical carrying out of their social plans

Gelecek tarih, onların gözünde, toplumsal planlarının propagandasına ve pratik uygulamasına dönüşür

In the formation of their plans they are conscious of caring chiefly for the interests of the working class

Onlar, planlarını oluştururken, esas olarak işçi sınıfının çıkarlarını gözetmenin bilincindedirler

Only from the point of view of being the most suffering class does the proletariat exist for them

Proletarya ancak en çok acı çeken sınıf olma açısından onlar için var olur

The undeveloped state of the class struggle and their own surroundings inform their opinions

Sınıf mücadelesinin gelişmemiş durumu ve kendi çevreleri
onların görüşlerini bilgilendirir

Socialists of this kind consider themselves far superior to all class antagonisms

Bu tür sosyalistler kendilerini tüm sınıf karşıtlıklarından çok
daha üstün görürler

They want to improve the condition of every member of society, even that of the most favoured

Toplumun her üyesinin, hatta en çok tercih edilenlerin bile
durumunu iyileştirmek istiyorlar

Hence, they habitually appeal to society at large, without distinction of class

Bu nedenle, sınıf ayrımı yapmaksızın genel olarak topluma
hitap etmeyi alışkanlık haline getirirler

nay, they appeal to society at large by preference to the ruling class

Hayır, egemen sınıfı tercih ederek toplumun geneline hitap
ederler

to them, all it requires is for others to understand their system

Onlara göre, tek gereken başkalarının sistemlerini anlamasıdır

because how can people fail to see that the best possible plan is for the best possible state of society?

Çünkü insanlar mümkün olan en iyi planın toplumun
mümkün olan en iyi durumu için olduğunu nasıl göremezler?

Hence, they reject all political, and especially all revolutionary, action

Bu nedenle, her türlü politik ve özellikle de tüm devrimci
eylemleri reddederler

they wish to attain their ends by peaceful means

amaçlarına barışçıl yollarla ulaşmak isterler

they endeavour, by small experiments, which are necessarily doomed to failure

Zorunlu olarak başarısızlığa mahkûm olan küçük deneylerle
çabalarlar

and by the force of example they try to pave the way for the

new social Gospel

ve örnek gücüyle yeni sosyal Müjde'nin yolunu açmaya çalışırlar

Such fantastic pictures of future society, painted at a time when the proletariat is still in a very undeveloped state

Proletaryanın hala çok gelişmemiş bir durumda olduğu bir zamanda boyanmış, gelecekteki toplumun bu tür fantastik resimleri

and it still has but a fantastical conception of its own position

Ve hala kendi konumu hakkında fantastik bir anlayışa sahiptir

but their first instinctive yearnings correspond with the yearnings of the proletariat

Ama onların ilk içgüdüsel özlemleri, proletaryanın özlemlerine tekabül eder

both yearn for a general reconstruction of society

Her ikisi de toplumun genel olarak yeniden inşası için can atıyor

But these Socialist and Communist publications also contain a critical element

Ancak bu Sosyalist ve Komünist yayınlar aynı zamanda eleştirel bir unsur da içermektedir

They attack every principle of existing society

Mevcut toplumun her ilkesine saldırıyorlar

Hence they are full of the most valuable materials for the enlightenment of the working class

Bu nedenle, işçi sınıfının aydınlanması için en değerli malzemelerle doludurlar

they propose abolition of the distinction between town and country, and the family

Kasaba ve kır arasındaki ayrımın ve aile arasındaki ayrımın kaldırılmasını öneriyorlar

the abolition of the carrying on of industries for the account of private individuals

Sanayilerin özel şahıslar hesabına yürütülmesinin kaldırılması

and the abolition of the wage system and the proclamation

of social harmony
ve ücret sisteminin kaldırılması ve sosyal uyumun ilan edilmesi
the conversion of the functions of the State into a mere superintendence of production
Devletin işlevlerinin salt bir üretim denetimine dönüştürülmesi
all these proposals, point solely to the disappearance of class antagonisms
Bütün bu öneriler, yalnızca sınıf karşıtlıklarının ortadan kalkmasına işaret etmektedir
class antagonisms were, at that time, only just cropping up
Sınıf karşıtlıkları, o zamanlar, daha yeni yeni ortaya çıkıyordu
in these publications these class antagonisms are recognised in their earliest, indistinct and undefined forms only
Bu yayınlarda, bu sınıf karşıtlıkları yalnızca en eski, belirsiz ve tanımlanmamış biçimleriyle tanınır
These proposals, therefore, are of a purely Utopian character
Bu nedenle, bu öneriler tamamen ütopik bir karaktere sahiptir
The significance of Critical-Utopian Socialism and Communism bears an inverse relation to historical development
Eleştirel-Ütopik Sosyalizm ve Komünizmin önemi, tarihsel gelişmeyle ters bir ilişki içindedir
the modern class struggle will develop and continue to take definite shape
Modern sınıf mücadelesi gelişecek ve belirli bir şekil almaya devam edecektir
this fantastic standing from the contest will lose all practical value
Yarışmadaki bu harika duruş tüm pratik değerini kaybedecek
these fantastic attacks on class antagonisms will lose all theoretical justification
Sınıf karşıtlıklarına yönelik bu fantastik saldırılar tüm teorik gerekçelerini yitirecektir
the originators of these systems were, in many respects,

revolutionary

Bu sistemlerin yaratıcıları birçok bakımdan devrimciydi

but their disciples have, in every case, formed mere reactionary sects

ama onların müritleri, her durumda, sadece gerici mezhepler oluşturmuşlardır

They hold tightly to the original views of their masters

Efendilerinin orijinal görüşlerine sıkı sıkıya tutunurlar

but these views are in opposition to the progressive historical development of the proletariat

Ama bu görüşler proletaryanın ilerici tarihsel gelişimine karşıdır

They, therefore, endeavour, and that consistently, to deaden the class struggle

Bu nedenle, sürekli olarak sınıf mücadelesini köreltmeye çalışırlar

and they consistently endeavour to reconcile the class antagonisms

ve sürekli olarak sınıf karşıtlıklarını uzlaştırmaya çalışırlar

They still dream of experimental realisation of their social Utopias

Hala sosyal ütopyalarının deneysel olarak gerçekleştirilmesini hayal ediyorlar

they still dream of founding isolated "phalansteres" and establishing "Home Colonies"

hala izole "falansterler" kurmayı ve "Ev Kolonileri" kurmayı hayal ediyorlar

they dream of setting up a "Little Icaria" — duodecimo editions of the New Jerusalem

Yeni Kudüs'ün duodecimo baskıları olan bir "Küçük İkarya" kurmayı hayal ediyorlar

and they dream to realise all these castles in the air

Ve tüm bu kaleleri havada gerçekleştirmeyi hayal ediyorlar

they are compelled to appeal to the feelings and purses of the bourgeois

burjuvaların duygularına ve cüzdanlarına hitap etmek

zorunda kalırlar

By degrees they sink into the category of the reactionary conservative Socialists depicted above

Derece derece, yukarıda tasvir edilen gerici muhafazakar Sosyalistler kategorisine giriyorlar

they differ from these only by more systematic pedantry

Bunlardan sadece daha sistematik bilgiçlik ile ayrılırlar

and they differ by their fanatical and superstitious belief in the miraculous effects of their social science

ve sosyal bilimlerinin mucizevi etkilerine olan fanatik ve batıl inançlarıyla farklılık gösterirler

They, therefore, violently oppose all political action on the part of the working class

Bu nedenle onlar, işçi sınıfının her türlü siyasi eylemine şiddetle karşı çıkarlar

such action, according to them, can only result from blind unbelief in the new Gospel

Onlara göre, böyle bir eylem ancak yeni İncil'e körü körüne inançsızlıktan kaynaklanabilir

The Owenites in England, and the Fourierists in France, respectively, oppose the Chartists and the "Réformistes"

İngiltere'deki Owenites ve Fransa'daki Fourierciler, Çartistlere ve "Réformistes"e karşı çıkıyorlar

Position of the Communists in Relation to the Various Existing Opposision Parties
Komünistlerin Mevcut Çeşitli Muhalefet Partileri Karşısındaki Konumu

Section II has made clear the relations of the Communists to the existing working-class parties

II. Bölüm, Komünistlerin mevcut işçi sınıfı partileriyle ilişkilerini açıklığa kavuşturmuştur

such as the Chartists in England, and the Agrarian Reformers in America

İngiltere'deki Çartistler ve Amerika'daki Tarım Reformcuları gibi

The Communists fight for the attainment of the immediate aims

Komünistler acil hedeflere ulaşmak için savaşırlar

they fight for the enforcement of the momentary interests of the working class

Onlar, işçi sınıfının anlık çıkarlarının dayatılması uğruna mücadele ederler

but in the political movement of the present, they also represent and take care of the future of that movement

Ancak bugünün siyasi hareketinde, aynı zamanda bu hareketin geleceğini temsil eder ve onunla ilgilenirler

In France the Communists ally themselves with the Social-Democrats

Fransa'da Komünistler, Sosyal-Demokratlarla ittifak halindedirler

and they position themselves against the conservative and radical Bourgeoisie

ve kendilerini muhafazakar ve radikal burjuvaziye karşı konumlandırıyorlar

however, they reserve the right to take up a critical position in regard to phrases and illusions traditionally handed down from the great Revolution

bununla birlikte, geleneksel olarak büyük Devrim'den

aktarılan ifadeler ve yanılsamalar konusunda eleştirel bir pozisyon alma hakkını saklı tutarlar

In Switzerland they support the Radicals, without losing sight of the fact that this party consists of antagonistic elements

İsviçre'de, bu partinin muhalif unsurlardan oluştuğu gerçeğini gözden kaçırmadan Radikalleri destekliyorlar

partly of Democratic Socialists, in the French sense, partly of radical Bourgeoisie

kısmen Demokratik Sosyalistlerin, kısmen Fransız anlamında radikal Burjuvazinin

In Poland they support the party that insists on an agrarian revolution as the prime condition for national emancipation

Polonya'da, ulusal kurtuluşun temel koşulu olarak bir tarım devriminde ısrar eden partiyi destekliyorlar

that party which fomented the insurrection of Cracow in 1846

1846'da Krakov ayaklanmasını kışkırtan parti

In Germany they fight with the Bourgeoisie whenever it acts in a revolutionary way

Almanya'da, ne zaman devrimci bir tarzda hareket etse, burjuvazi ile birlikte savaşırlar

against the absolute monarchy, the feudal squirearchy, and the petty Bourgeoisie

mutlak monarşiye, feodal yaverşiye ve küçük burjuvaziye karşı

But they never cease, for a single instant, to instil into the working class one particular idea

Ama işçi sınıfına belirli bir fikri aşılamaktan bir an bile vazgeçmezler

the clearest possible recognition of the hostile antagonism between Bourgeoisie and proletariat

Burjuvazi ile proletarya arasındaki düşmanca karşıtlığın mümkün olan en açık şekilde tanınması

so that the German workers may straightaway use the weapons at their disposal

böylece Alman işçileri ellerindeki silahları hemen
kullanabilsinler
**the social and political conditions that the Bourgeoisie must
necessarily introduce along with its supremacy**
Burjuvazinin üstünlüğüyle birlikte zorunlu olarak ortaya
koyması gereken toplumsal ve siyasal koşullar
the fall of the reactionary classes in Germany is inevitable
Almanya'da gerici sınıfların çöküşü kaçınılmazdır
**and then the fight against the Bourgeoisie itself may
immediately begin**
ve o zaman Burjuvazinin kendisine karşı mücadele hemen
başlayabilir
**The Communists turn their attention chiefly to Germany,
because that country is on the eve of a Bourgeoisie
revolution**
Komünistler dikkatlerini esas olarak Almanya'ya çevirirler,
çünkü bu ülke bir burjuva devriminin arifesindedir
**a revolution that is bound to be carried out under more
advanced conditions of European civilisation**
Avrupa uygarlığının daha ileri koşulları altında
gerçekleştirilmesi kaçınılmaz olan bir devrim
**and it is bound to be carried out with a much more
developed proletariat**
Ve çok daha gelişmiş bir proletarya ile gerçekleştirilmesi
kaçınılmazdır
**a proletariat more advanced than that of England was in the
seventeenth, and of France in the eighteenth century**
on yedinci yüzyılda İngiltere'ninkinden ve on sekizinci
yüzyılda Fransa'nınkinden daha ileri bir proletarya vardı
**and because the Bourgeoisie revolution in Germany will be
but the prelude to an immediately following proletarian
revolution**
ve Almanya'daki Burjuva devrimi, hemen ardından gelen
proleter devrimin başlangıcından başka bir şey olmayacağı
için
In short, the Communists everywhere support every

revolutionary movement against the existing social and political order of things

Kısacası, Komünistler her yerde, mevcut toplumsal ve siyasal düzene karşı her devrimci hareketi desteklerler

In all these movements they bring to the front, as the leading question in each, the property question

Bütün bu hareketlerde, her birinin önde gelen sorunu olarak mülkiyet sorununu öne çıkarırlar

no matter what its degree of development is in that country at the time

o sırada o ülkedeki gelişmişlik derecesi ne olursa olsun

Finally, they labour everywhere for the union and agreement of the democratic parties of all countries

Son olarak, her yerde tüm ülkelerin demokratik partilerinin birliği ve anlaşması için çalışırlar

The Communists disdain to conceal their views and aims

Komünistler görüşlerini ve amaçlarını gizlemeye tenezzül etmezler

They openly declare that their ends can be attained only by the forcible overthrow of all existing social conditions

Amaçlarına ancak mevcut tüm toplumsal koşulların zorla yıkılmasıyla ulaşılabileceğini açıkça ilan ederler

Let the ruling classes tremble at a Communistic revolution

Egemen sınıflar komünist bir devrim karşısında titresin

The proletarians have nothing to lose but their chains

Proleterlerin zincirlerinden başka kaybedecek bir şeyleri yoktur

They have a world to win

Kazanacakları bir dünya var

WORKING MEN OF ALL COUNTRIES, UNITE!

BÜTÜN ÜLKELERIN EMEKÇILERI, BIRLEŞIN!